欢喜
无所不在

23岁那年,赵翠慧做了新娘。
她的人生在此处转轨,
婚姻是成就她的一个重要道场。

没有痛苦能够打倒她

欢喜已经无所不在

欢喜
无所不在

儿女相继出生,
做赵翠慧的孩子是种幸运,
他们很早就学会了如何没有分别心地去爱人。

欢喜
无所不在

此时已移居温哥华。
照片中赵翠慧身上那种洋派在日后逐渐不再常见。

欢喜 无所不在

母子三人（儿子谢源一，女儿谢如一），有种统一的美。

欢喜
无所不在

星云大师与赵翠慧有很多合照,两人无一不是这样无限欢喜的表情。

欢喜
无所不在

赵翠慧与挚友罗李阿昭（右二）、Emma（右一）
到北京探望残疾姐妹春曼心曼。
她们二位是赵翠慧"爱的事业"中重要的"功德主"。

欢喜无所不在

赵翠慧与张大诺（后排左二）探望肌无力作家张云成（前排左）一家。
就是在云成《假如我能行走三天》一书中，
赵翠慧与大诺结缘并开始资助"心灵史诗"项目。

欢喜
无所不在

经历过濒死体验的赵翠慧,真真如凤凰涅槃,越发温润如玉。

欢喜
无所不在

一家四口。
对一个经历了太多故事的家庭来说，
很多感受往往是不足为外人道的。

欢喜
无所不在

外婆是对赵翠慧影响最大的人，
她一早就为赵翠慧树立了一种精神典范。

欢喜
无所不在

赵翠慧和大姐是"生命共同体",
她们都相信累世之缘才能为一世姐妹。

欢喜
无所不在

在温哥华自家豪宅的花园里。
赵翠慧爱花,因为它们"从不为了取悦谁而绽放"。

欢喜
无所不在

赵翠慧与本书作者之一亓昕亲如母女,
对后者来说,赵翠慧是一个将神性直接示范给她看的"天堂人",
一个最接地气的人性传奇,一个并不遥远的榜样。

欢喜
无所不在

周大观基金会带重残儿童体验高尔夫球。
赵翠慧趴在地上捡球,给孩子们当球童。

欢喜无所不在

倾听赵翠慧生命感悟

亓昕 张大诺 著

中国青年出版社

前言 | "圆满生命"之谜

亓　昕　张大诺

许多人说："赵翠慧是一个想象力之外的女人。"

为什么？

两次濒临死亡，濒死之时，她向前方看去，看见有很大银幕，强光闪耀，羽衣飘飘。

四次大手术，重病六年，许多夜晚咳到清晨，却安之若素，"健康过生病的每一天"。

她受过巨大伤害，却替伤害她的人偿还债务。

她的夫妻感情曾发生变故，却对丈夫充满感谢，并对丈夫的成就由衷赞叹。

她经历众多的人生打击，每一天仍然欢喜无限，快乐得不得了。

她做公益做到借钱甚至变卖家产；得知不相识的人的痛苦，竟然赶早班飞机去关怀对方。

你会问，世上真有这样的女人？她是谁？

她叫赵翠慧，1952年出生于台湾中坜市，现任台湾周大观文教基金会董事长和总执行长、国际佛光会中华总会副总会长。

你会问,若有这样的人生,岂不是任何痛苦都能克服,岂不是一种圆满生命?

她就在圆满生命之中,同时在全世界做公益演讲3000余场,宣扬"圆满生命""关爱他人""正视死亡",足迹遍及瑞士、德国、英国、法国、奥地利、西班牙、葡萄牙、澳大利亚、新西兰、美国、阿根廷、智利、巴拉圭、巴西、印尼、日本、韩国等数十个国家,听众达数十万人。

为听其演讲,有的人开车六个小时赶来;有的人四次倾听同样内容仍然兴致不减;更多人拉着朋友亲人一起聆听;而和她相熟的人更是表示:"哪怕只是想起她,就觉得被注入巨大的正面能量。"

在2011年,我们有幸对她进行了几十个小时的采访,最终写就此书。我们用一次次提问努力探寻她的圆满生命之谜——那个一旦破解,必能改变无数人人生的谜。

推荐序 | "四给"精神的传承

佛光山　星云

我的出家弟子和在家弟子,在我弘法的事业中,等同重要!

22年前成立佛光会,就是为了让在家信徒在佛法的弘传中扮演更重要的角色,惟有让在家信徒动起来,"法水长流五大洲"的心愿才能早日实现。赵翠慧就是当时被我拣选的重要佛光种子之一。当时她旅居温哥华,活跃于华人圈,并担任中华学校校长,温哥华的佛光会在她的一呼百应下快速地成立。

小慧很有人气,走到哪里,围着她说话的人总越聚越多。她的专长是懂得广结善缘,不吝与人分享,以布施为乐,对别人的困难有求必应。也因她与人为善的个性,累积了四面八方的好人缘。可是好人缘、慈悲心也常被有心人利用而不自知。吃点亏,承担过,她偶有抱怨也能放下。

我交付小慧的任务,她总能动用好人缘去完成;她的好人缘来自能"给",别人的要求、需求,只要她能力所及,都毫不保留;只要能解决别人的困难,成就别人的梦想,她都全力以赴。自己能力办不到的,她也会招朋引伴,替别人找关系,直到事情

欢喜 无所不在

倾听赵翠慧生命感悟

解决。所以，当她有求于人，别人也就顺理成章地纳受。她在人脉网络的连结中扩大了自己，缩小了人与人的距离；她在广结善缘、给人欢喜中忘了病痛，这是她成就别人的同时，也成就自己的最好见证。

当我让她接下国际佛光会中华总会北区协会会长的任务时，很多人怀疑她能胜任吗？那么多琐碎会务，她的健康能负担吗？我一点都不担心。因为我知道，只要她在那个位子，很多佛光人就会来帮她忙，这就是她的功力啊。

她为人热心，不只参与佛光会务，也参与很多社团的活动，出钱出力有声有色。这些成绩都增添了佛光会的光彩。她到世界各地的别分院讲演，总让佛光人难忘，因为她口中都赞美，给人欢喜的功夫十足。

小慧在工作中、生活中，把佛光人的四给精神——"给人信心""给人欢喜""给人希望""给人方便"阐释得淋漓尽致，多年来始终如一。这性格成就别人，也成就自己。当她的儿女在创业的道路上，各方的力量也就聚集过来，这在证明佛法的圆融贯通。祝愿小慧这颗佛光种子越发光亮，永续传承。

日前她告诉我，中国青年出版社邀约她将自己的生命体验整理出来，定名为《欢喜无所不在》，并要我为她写一篇序。确实，就如同这本书一开头对她的描述："没有痛苦能够打倒她，欢喜已经无所不在。"她就是这样一位不吝惜用爱、慈悲、热情、欢喜鼓励他人的人。我乐见其成，并拭目以待，是为序！

自 序 | 爱的陪伴

赵翠慧

走过一甲子,才惊觉自己的所知是如此有限,要学习的事物是如此浩瀚。

惭愧的是:没能适时对走入自己生命中的每个人,表达内心由衷的感谢。

感谢亲朋好友的陪伴,每每让我在最无助时,得到支持的力量。这份爱的陪伴,让我明白"陪伴者"原来具有不可思议的能量,可以疗愈受伤的身心灵。他们无条件地只因为爱我而来,我能回报他们什么呢?

原来,来世间真的是为了学会相爱的功夫。

多么期盼自己能将这份爱传出去,于是,透过专注、倾听,让我学习成为"陪伴者"。

有一天,每个人会因知道身旁有位"陪伴者"而不孤单,不管这位陪伴者是面对面的陪在身旁或只是精神与他同在,他都能很有安全感地更有勇气踏在人生的旅途上。当然,这位"陪伴者"必须具有正知正见的智慧,真心诚意的慈悲,所以,我得努力地向德高望重的长者、善者请益学习，期许自己有朝一日也能为人分忧解劳啊！

感谢大诺、亓昕小两口在北京、台北的访谈，还将它整理出书。我原只是被小两口为完成"残疾人心灵史诗写作计划"的义行感动，很想也能尽点微薄之力。大诺鼓励我效仿那些心灵史诗里的生命勇士，也可以出书鼓舞更多的人热爱生命、奋发向上。可是，我哪有什么特别值得书写的事迹呢？我是如此的平凡，只是做着本分的事。如果我有一点点小小的好，也是因为大家的宽容、大家的成就，我一个人是做不到的。还有我也担心出书会用很多纸、会砍很多树，那怎么对得起地球呢？

瞧我这老太太东一个理由、西一个为什么，就是觉得自己还不到值得写书的程度。大诺和亓昕只好说，那就将我的访谈给心灵史诗的勇士们先读读看吧！

结果，当我收到一封封诚恳、用心的读后感后，我不禁为这些"爱的使者"喝彩，他们给我的远远超过我能给他们的，我们在彼此的文字里，感受那真切的共鸣。

我们知道：爱是一切的答案。

爱是可以经过学习、追求而拥有的。

祝福大家：永远沐浴在爱中。

目 录

CONTENTS

| 前　言 | 世上真有这样一个女人 / 亓昕 张大诺 / 004
| 推荐序 | "四给"精神的传承 / 佛光山星云 / 006
| 自　序 | 爱的陪伴 / 赵翠慧 / 008
| 引　子 | 没有"小慧",就没有"心灵史诗" / 张大诺 / 013

第一章　濒死一刻,到底发生什么事? / 022

第二章　濒死体验后,会有什么改变? / 031

第三章　15年,她终于知道我对她好 / 038

第四章　把怨恨写在沙上,让海水带走! / 044

第五章　"借钱也要捐" / 052

第六章　没有响应,我仍然陪伴你 / 064

第七章　我们是为了一群人来到这个世界 / 073

第八章　善行"前传" / 083

第九章　活着不是奖赏，生病不是处罚 / 091

第十章　与亲人讨论及面对死亡 / 099

第十一章　人生境遇，再无得失之心 / 108

第十二章　天天这么高兴 / 118

第十三章　哀伤，该如何化解？ / 126

第十四章　关于快乐的秘籍 / 134

尾声 / 148

| 附录一 | 只要她"有"，所有人都"有" / 152
| 附录二 | 她是一个想象力之外的人 / 158
| 附录三 | 赵翠慧演讲实录：生命的学习 / 169
| 附录四 | 一本如此奇妙而重要的书 / 184

引子 | 没有"小慧",就没有"心灵史诗"

张大诺

"这个世界上,怎么会有一个'小慧阿姨'?"

这是两年以来,我心中经常出现的话。

2009年的一天,我接到一位女士的电话,她就是周大观文教基金会的总执行长赵翠慧。她说,在台湾看了肌无力青年张云成写的书《假如我能行走三天》,知道我坚持六年义务指导张云成创作此书,非常感动。近日她将来到北京,想见一见云成,也想见见我。

我很高兴地答应了,然后回家去搜寻周大观文教基金会的资料,看着看着,不禁赞叹起来。

周大观文教基金会是享誉台湾的慈善基金会,其名字源于癌症少年周大观。周大观与病魔顽强抗争,写下众多励志诗作,他的故事以及诗作感动整个台湾。在他去世之后,他的父母以诗作的稿费成立周大观文教基金会,以此帮助身患癌症以及各种罕见疾病的儿童。

十多年来，周大观文教基金会已经帮助了全世界几万名重病儿童，并且创办"全球热爱生命奖章"评奖。每一年，都有十余位抗争苦难并热心公益的生命勇士聚集在台湾。这一颁奖活动，也成为台湾一年一度的公益盛事。

而我要见到的，就是这个基金会的总执行长，我不禁对这次见面充满期待。

十多天后，在北京一家饭店的大堂，我见到了赵翠慧女士。我们在饭店咖啡厅内坐下，聊了起来。

仅仅聊了一会儿，我就发现她是一个很好的"倾听者"，她的目光专注，身体微微前倾（不是靠在沙发上），表情也是彷佛听了许久才有的那种投入。

她问我："现在在做什么事？"

我详细说了自己的"工作"："云成的书出版后，许多肌无力的人看过此书后放弃了轻生念头。我很想在其它残疾领域也找到像云成这样的人，指导他们写书，让每个残疾人都有一本他所在领域的励志书。现在，有十几位残疾朋友接受我的义务指导。"

她问："那你现在的收入来源是……"

我说："2008年11月以后，我从新华社《国际先驱导报》辞职了，专心做这个事。现在，主要靠积蓄和妻子亓昕的支持。"

她脱口而出："这样不行，女人养家很辛苦，不能让你妻子那么辛苦。这样吧，你过去工作的薪水是多少，我想办法补给

欢喜 无所不在

倾听赵翠慧生命感悟

你,你继续做这个事情。"

我一愣,以为自己听错了:"您说……补给我……?"

"我先补给你半年的,你先全力做这个事情,不要有任何的后顾之忧。"

我几乎呆住了,要知道,我们之前从未见过面,而现在,也只聊了不到15分钟。

不到15分钟啊!

她又说:"你做的这个事情非常有价值,大概会做几年?"

"大概要两三年。"

"好,这两三年的钱我帮你筹,我认识许多有公益心的朋友,如果不好筹,我就用自己的钱也无所谓。你先给我一个银行账号,我把半年的钱先汇给你。剩下的,我会继续想办法筹的。"

"那您的要求是……"

"要求?没有要求啊,不需要你给我开发票,也不需要你写什么收据,至于最终指导这些孩子需要多少时间,你自己掌握就行。不要着急……"

我几乎有点发懵地听着,本能地说了一句"谢谢",而她却说:"不要感谢我,是我感谢你才对。是你在做这么好的事情,而我们没有这样的时间和精力,是你在替我们做,所以应该是我们感谢你。真的,谢谢你。"

那时的我根本无从理解这些话,我只知道这样的事情发生了:

面前这个人,从来没有见过我,仅从书中知道我帮助了一个肌无力的孩子，在见面十五分钟后就决定资助我两三年，让我全身心做一个公益工程，更重要的是，给我许多钱，并且真诚地感谢我。

给我一笔钱，还谢谢我。

这样的事情，是真的吗？我有点恍惚。

"那就这么定了，你把银行卡卡号写给阿姨吧。"她说。

我拿了一张纸，写了几个数字，突然，就停住了，心里冒出一句话：我不会遇到一个骗子吧。（噢，亲爱的小慧阿姨，原谅我当时那么想，但我当时真的是那么想的，我甚至还想到了信用卡诈骗的案例。）

我说："阿姨，我回去核对一下卡号，到时我再和您联系。"

"好的，另外，再告诉你一个好消息，我们基金会今年的'热爱生命大奖'的获奖者，就有云成，到时候再邀请你和他一起来台湾！"

在去台湾之前，我没把资助的事情太放在心上，总觉得不太可能，甚至，都没有和妻子说起这个事情。

一个多月后，我和云成前往台湾，参加了周大观"全球热爱生命奖章"的颁奖活动。在一周多的活动中，我对小慧阿姨有了更深的了解。

在评选活动新闻发布会现场，有一个脑瘫获奖者，是用双脚

弹琴的女孩。由于她的语言表达有些障碍，所以，在记者自由采访时，她和母亲少人问津，两人静静呆立在一旁。这个时候，我看到小慧阿姨微笑地走了过去，蹲在女孩的轮椅旁边，和这对母女说话。

女孩说话吐字非常艰难，外人根本听不清，但小慧阿姨非常有耐心地听着，并且——几乎是很欣赏地看着对方，很"享受"地听着，点头，微笑。

头颅不停摆动的女孩，慈祥的站在轮椅后的母亲，笑盈盈蹲在轮椅旁的小慧阿姨，三人组成了一幅非常温馨的画面，这个画面给我留下了深刻的印象……

在台北故宫博物院，我推着云成在大厅入口处等待进入，我们的目光都不由自主投向了"故宫邮局"，那里可以购买与台湾有关的邮票画册。我正盘算着一会儿出来后去那里买些纪念品，这时，小慧阿姨突然从我们的身边快步走过，直奔"故宫邮局"，然后买了一大堆东西回来。她说："到这里的人都爱买些纪念品。这些东西，就送给你们。"

每人一个大袋子，每个袋子放着四本邮票纪念册，涵盖那里所有的纪念册。

之后还有两次，只要我和云成的目光停留在某个地方，一旦时间长一些，她立刻就跑过去买下。以至于到后来，我和云成说："不能再让阿姨买东西了，我们目不斜视、目不斜视……"

和云成同来台湾的还有他的哥哥云鹏。他也是肌无力患者，他凭借顽强毅力用嘴叼着笔来画画，并在网上卖自己的画（一幅画卖50到100元人民币），这次到台湾，他一共带来了七幅画，本是作展示用的，但小慧阿姨一直想帮云鹏把画卖出去，让云鹏有一些收益。

这天，小慧阿姨兴冲冲地来到我们住的饭店，宣布一个消息："这些画已经有人买了，我的朋友们把它们都买下了，至于价格，一张一万元新台币（相当于2000多人民币）！一共七万新台币！"

天哪，这么高的价格，几乎是以往售价的20倍！太棒了，我们都非常激动，而就在我送阿姨往外走的时候，我说："阿姨，都是什么朋友啊，我们记下他们的名字吧。"

阿姨笑着说："时间太紧了，联系朋友有点来不及了，我就自己先出钱买下了，但怕云鹏不收我的钱，我就撒了个谎呗……你可别说漏了噢。"

后来，从了解阿姨的人那里知道，阿姨四处为需要的人募款，她也经常把大陆的捐款资讯告诉自己的朋友。仅是大陆部分，她自己的捐款加上在朋友处的筹款，总数已经接近1000万元人民币了。

这个时候，我已经完全相信阿姨对我资助的诚意，只是，我一直没有说那个卡号，也就不好意思再提这个事情了。

在颁奖活动举行的下午，作为颁奖主持人的小慧阿姨，在和各个重要嘉宾打过招呼后,并没有上台去作准备,而是径自来到我们的位置。她躬下身子,对我说:"大诺,这个给你(她给我一个信封),谢谢你做的事情,这是阿姨答应你的半年的费用,是美金,没有时间兑换成人民币了,很抱歉。还是那句话,阿姨以后会一直支持你的。"

说罢,她快步离去,上台作主持的准备去了。

我拿着这个信封,愣愣坐在那里,鼻子已经发酸了……

颁奖结束,在活动现场外面的大厅,看到阿姨已经不需要招呼客人,我就走了过去,走到阿姨面前,轻轻地抱住阿姨,说:"阿姨,谢谢你,我会好好努力,不会让你失望的。"

阿姨拍了拍我,说:"还是那句话,不是你谢我,是我该谢谢你,千万不要有什么压力,慢慢做,慢慢做……"

在这之后的时间内,小慧阿姨用各种方式帮我筹款:打电话给朋友时谈论我的事情;大家聚餐时说我的事情;参加活动时再说我的事情;到国外演讲的时候也没有停过,然后把筹到的钱通过到北京的亲友一次次地带给我。

有一次,她病得非常严重,几乎有了生命危险,她仍然嘱咐到北京办事的儿子:"别忘了把钱带给大诺。"由于其中一笔钱还没有到,她就说:"用我们自己的钱先垫上,带给大诺。"

正是因为这些善款的保障,更是因为小慧阿姨这份大爱的感染，我决定把这个公益工程的规模扩大。

我改变了最初只指导十几本书的想法，将之改成用多年时间指导40~50本书！之所以扩大到这个规模，就是想让这些书囊括各个残疾领域，以及残疾领域遇到的各种问题！打造残疾领域的"心灵史诗"！

现在，我的愿望接近实现：我已经找到40个残疾领域的心灵勇士，截止2019年年底，已经指导出版37本书，为中国8000多万残疾人奉献五六百万字的精神食粮，这些书籍记载着来自真实苦难的真实希望与幸福，将给残疾人，尤其是残疾儿童带来生命的力量……

如果一个残疾孩子拥有几百万字的残疾领域的心灵财富，那么他必然可以借此克服成长过程中的痛苦与绝望。

在指导这些朋友创作的时间内，我也做到了全力以赴。我在家里做这个心灵工程付出的时间，比全职工作时的时间还多（经常从早上6点工作到晚上9点，一周工作7天，没有休息日，即使春节也只休息两天），我期待着某一天，我能再次拥抱小慧阿姨，对她说："阿姨，我兑现了我的承诺……阿姨，谢谢你……"

随着和小慧阿姨接触时间的增多，我和妻子亓昕有了一个强烈的愿望：想给小慧阿姨写本书。

写这本书，不仅是因为她的慈悲与大爱，更是因为：在后期的接触中，我们越发觉得小慧阿姨是一个"谜"。一个与心灵有关的谜，一个与大欢喜、大从容、大静谧、大幸福、大自在有关的谜。她经历了众多身心痛苦，却成为一个天天美得不得了的人，言语神情目光充满了欢乐的能量，这种能量非常具有感染力，让人一接到她的电话，一见到她的人，甚至只是想起她——就觉得身心舒服，也忍不住笑盈盈的。

可能你会说，世上真有这样的人？是不是你们不自知的一种过誉？

真的不是。

我无法用几千字的序言来证明这一点，所以必须用一本书来证明，也许，你读完这本书，会觉得我的"过誉"还是有所保留的。

你是否愿意和我一起，打开这本书，去寻找让我们也欢喜、从容、自在的"答案"？

第一章

濒死一刻，到底发生什么事？

北京西郊的一家饭店几乎是小慧阿姨在京的"行宫"，我们的许多采访就是在这里进行的。它的"优势"是有间开放式厨房，这让小慧阿姨把采访完全变成了完美下午茶，只见她一会儿端出一壶茶，一会儿又"变出"一盘糕点，一会儿又摆好一碟水果，还配备了跟饭店借来的精致刀叉。当然，最重要的，我们还有一个魅力四射的受访者。

这一天，我们的主题是"濒死体验"。

遇到小慧阿姨之前，这四个字如同外星密语般陌生缥缈，直到听完她讲述……诡谲之余让人惊叹生命如此奇妙。

请先描述一下你奇妙的濒死体验吧。

第一次遭遇濒临死亡是在1987年，那一次，我做了一个很大的手术。开刀以后，我看到自己身处一个暗暗的隧道，远处是很强的强光，我在奔跑，跑向那处强光……跑的时候，回头一看，看到大哥匆匆忙忙从一楼跑上来，冲到我的手术室外，不小心还差点摔跤了。

我看到的另外一幕，是我自己趴在手术台上，像只青蛙一样，看着下面被开刀的人，我不认得下面的人就是自己，但是我能感觉很冷很冷，后来才知道，是医生在用电击的方式在救我……

第二次濒临死亡发生在1999年。可是那之前的6年，我病得很严重，不停地咳嗽，医生说我得的是肺腺癌。

最不舒服的时候，连我在打瞌睡，都会"咳咳咳"地咳醒，没有办法休息。做了核磁共振、超音波扫描……等等很多检查，发现肺上有三个黑点，还有棉絮状阴影。医生建议进一步切片，可是我已气若游丝，根本没有体力。我只想回家……

那天晚上，先生在家里帮我拔罐"充气"，不到三分钟，我就受不了了，太痛了。我说，请你帮我（把罐）剥下来好不好。结果他剥下来的时候，我就昏过去了……

半夜一点多醒过来后，我想去厕所，当我下床时，就觉得有一个人从我身体里走出去，走路东倒西歪的，走了四五步以后，那个人不见了。

应该是我自己啊，可是我不会害怕，只是觉得："有个人这样子就出去……好特别哦！"便不再理会了，重新回到床上。到了四点多，我再次起来，又迷迷糊糊去洗手间，然后我看到自己坐在马桶上……我一样不害怕。我那段时间因为生病常觉得恍惚，会"看到"很多人在等我，尤其是我最爱的外婆，常常坐在我的床边陪着我，我也常跟先生讲述这情况，说起来其实挺吓人的。

早上8点多，先生看我很累，便问我："你能不能起来喝果菜汁啊？"我说："好啊！"我走进厨房，先生坐在餐桌对面说："家里吸管用完了，你自己把杯子端起来喝好不好？"

我说好，就想端起那个杯子……但我拿不动，我摸来摸去，就是端不起来。我想：算了吧，头好晕，人好累好累……

我想回到房间去休息。在回房间之前，先到浴室洗把脸。在浴室里，一看镜子里的自己肿得跟猪头一样！眼睛也像猪眼般的单眼皮了……我心想：怎么会这样！我那美丽的大眼睛不见啦。于是我就用最大的声音喊我先生，请他来看我，但他没有过来，我还在想：他怎么不肯过来？

（后来我问他，我早上叫你，你怎么都没听见？他一脸茫然地说完全没有听到，可是我当时觉得自己的声音大极了。）

他不过来，我只好自己拖着身体慢慢走向床去，一靠到床边，整个人就瘫掉了，就像布偶被丢到地上。然后我的头就"咚"地一声巨响，身体也不能动了，只有眼珠能转来转去的……

先生很害怕，立刻打电话给我的气功老师询问该怎么办，对方说给我喝温的盐水，可是我不会喝嘛，先生想起家里已经没有吸管了，赶快跑下楼去买吸管……

但我没有气,吸不动。赶快再请教气功老师,老师要我把脚泡到温的盐水里。可是我瘫在床上啊,他们必须把我抱起来,我先生把我抓起来背着我,还请楼上的邻居秀美来帮忙,她把水桶拿来,取来粗盐,把我的脚放进温水桶……

没想到一放进去,我就大喊:"烫!"尽管那是温水,但我还是觉得烫,他们去拿冷水来兑;而他们走路的声音好大,我就说:"吵!"因为我的听觉也改变了,他们走路的声音像放鞭炮一样大声……

那时我没办法讲很多话,只能单字单字地讲,当我说:"吵!"他们就把鞋子脱掉,但我还说吵,因为本来是劈里啪啦的鞭炮声,当他们脱了鞋子走路时,就像大象在蹦地,震得我也受不了……后来,他们还开玩笑问我,下次你死的时候,我们该怎么走啊?我说,你们可以用滑的啊。

当他们把水换成冷水时,我还是觉得烫。无计可施之下,他们只好把我再放到床上去。这个时候,最神奇的事情发生了,放我到一半的时候,我觉得自己的骨头开始剥落。我永远无法忘怀,且是第一次碰到这种事情,印象当然深刻。先从脊椎骨头开始,一块一块,差不多五六块都掉了。而且,会有震动感,动一下就有"啵、啵"的声音传出来,一块一块掉到后背上,掉了五六块以后就堆在那里。我很不舒服,那时,我就用客家话讲了一句:"抖一下。"

我先生就摇了我两下,然后,很清楚地,我的骨头开始裂开……裂到差不多快到胸口了,而我竟然一点都不觉得痛。

他们把我放下后，又盖了很厚的棉被在我身上。当时是8月份，非常热，我却极冷；他们还把窗户关了起来，连冷气也关掉了，大家都汗流浃背，而我还是冷。

秀美就把手伸进来，摸摸看我有没有暖起来。到了晚上，我问她："你早上为什么拿刀子割我？"

她说："没有啊，我只是摸你，看你有没有暖和一些啊！"可是，当时我感觉好痛呢！

接下来，我的眼泪鼻涕开始流，不停地流，不过，没有流口水哦，眼泪流到耳朵、颈子，甚至连枕头都湿了一大片。

这时候我离开了，是的，我就"离开"了。我看到一个人躺在床上，一个人坐在旁边，一个人跪在床前，还有我的管家抱着吸尘器在楼梯那边哭，我还看到我家的院子、花园啊、喷水池啊、游泳池啊，全部都看到了，整个大楼的情形全看到了……

后来，我醒过来的时候问我的管家："你刚才为什么抱着吸尘器哭呢？"她说："你怎么知道，那时候你不是死在床上吗？"

我也不知道为什么就看到了，看完以后，就回到我的身体里。最好笑的是，有一次我在新加坡演讲，一个小男孩问我："阿姨，你那时候有没有看到人家洗澡啊！"我说，小宝贝，你不要担心，不会被人家看到啊。原来，他很介意自己洗澡时，万一有人"死掉"，就会看到他光溜溜的样子哩！

当我回到身体后，他们说我瞳孔放大，还一直望向远方。

我就说，我没有瞳孔放大，只是眼睛睁大了吧？因为我看到了一个情景，而这个情景太吸引我了……后来永融法师来看我，并跟我说明，我才知道我经历的原来是佛经所描述的"四大分解"：火先离开，因此四肢冰冷；地的崩解，所以脊椎节节掉落；水的分离，因此泪水鼻涕不断流出，湿透枕头。然后我的神魂离开躯体，看到了永生难忘的一幕。

我看到一个很大的银幕，闪着很亮、很强的光，我起来了，看着我的背影往前走，往强光里走。当然还有最重要的——我听到了音乐，那音乐美得不得了，是丝竹一样的音乐；然后还看到很多美丽的布料，这些布料飘来飘去的。不过，没有仙女，我真的没有看到仙女。

事后有人问我，看到的是古装还是时装，是长裙还是短裙，我说都不是，就是很美，泛着七彩光的布料在我面前飘。

我继续向强光走去，走到中间的时候，我就想：这里这么舒服，我要回来跟大家说……

结果，就是这样一个念头，让我回来了……

是的，当我想回来和大家说时，可是我很累，走不动了，于是我深深地吸了一口气……

然后，沉沉地睡去。

噢，我好像花了10分钟跟你们讲完这个过程，但事情经过是从8点多到11点半，差不多有3个多小时。

在我临终的时候，先生打电话给星云大师，说我不行了。

大师就吩咐大家帮我助念，并把他的电话拿到我耳边，我跟大师说："师父，我先走一步，您不要担心我，我先去那边看一看。"觉得自己好大声，字正腔圆地在说话，可是师父只是一直安慰我："小慧，不要怕，等我，我马上过来，你不要怕，不要怕喔！"我说我不怕，还与他开玩笑。

当他讲了三遍"不要怕，等我"时，我才知道他听不到。我的话轻到没有人听得见，因为我已经没有气了。

第二天，大师来看我，问我，你为什么回来？我说，不晓得啊。师父说：

"因为你心无挂碍。"

"当你心无挂碍，就没有恐怖，也会远离颠倒梦想，这在临命终时是非常重要的。"

"菩萨让你重回人间必有旨意，去和大家说说你的生命体验吧！"

于是，我发愿走遍世界，用自己"重回人间，活着真好"的生命领悟和大家结缘，也期盼大家也一起来热爱生命。

另外还需要特别提到的，在2000年8月，一股冥冥中的力量驱使我到书店去，我随意在书架上取下雷蒙·穆迪医师的书《来生》，一翻开，就被首页的诗震慑住了，它是这样写的：

老天爷捏我成形，

再用他厚重的大手，

捧住我这块皮囊,
小心翼翼的,好不容易的,
把我送到这一站。
去玩吧,去乐吧,玩累了吗?
不要紧,别忘了回家睡觉。
不要急嘛,
既然有人照顾你来,
就有人照顾你回去。

我连夜读完全书,激动不已,那时我才明白,1999年8月——我经历的意外,原来是濒死体验。它让有过濒死经验的我明白:自己不寂寞,不怪异,所有人格上的转变也正常。(全美地区曾经有1300万人经历过濒死,我们非但不寂寞,还有一大群朋友呢!)

因为这种体验,我的人生观也有明显的改变:我不害怕死亡,学习谦卑恭敬,悦纳自己,了解净化的真爱,无条件地助人,夜以继日疯狂地阅读。强烈的求知欲,带领着我走上探索心灵的领域。

后来,周大观文教基金会于2002年7月成立"台湾濒死研究中心",提供交流平台。我也在接下来的5年间作了近千场分享讲座。并让大家最终懂得:不论何种类型的濒死,都在教导我们"慈悲宽大,自我反省",明白"爱是一切的答案"。

采访感言：

濒死体验，近乎生命体验的极限，它连接生存与死亡，横跨生存与死亡，它让生死互为解释、互为证明……如此非同一般的体验，最终的归来，注定带有非常目的。其中之一，就是将生死之自然现象转化为生命的超凡意义。

一如，濒死之后的赵翠慧。

欢喜 无所不在

倾听赵翠慧生命感悟

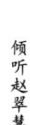

第二章

濒死体验后，会有什么改变？

濒死之后，人会变得怎样呢？小慧阿姨认为，愿意去倾听别人，愿意回到"内在"去感悟对方，也更愿意进入他人的内在，是比较明显的改变。甚至有人是大量布施或做善事，这不只是发生在小慧身上的而已，根据研究，许多人都有这样的结果……问濒死体验和慈悲是不是有直接的相关？小慧阿姨摇摇头，认为这是无解的……

濒死之后，你的改变是什么？

先说小的转变吧。濒死之后，我待人接物的方式与以往有了很大不同。比如你约我说，我们去吃饭好不好？濒死之前，我只想着几点钟在哪个饭店见面，现在会想："去吃饭，你怎么去？需要我去接你吗？"吃完后也想着把你送回家。或者，如果吃饭的人很多，大家都应该坐上我的车，我一个个送回去……

吃饭的时候，如果有人说了不开心的事，以前我会说，不要想那么多了，吃饭不要破坏气氛。现在则会说，可不可以详细说出来，大家陪伴你，你说出来，不要难过，我们陪着你……

更愿意去倾听别人，更愿意去理解别人，更愿意回到"内在"去感悟对方，也更愿意进入到他人的内在。

这种关心非常自然。别人能感受到你的真诚，就会"很舒服地"说出他的痛苦。

另外，我以前在加拿大做温哥华中文学校校长……学校有一百多位老师。我以为自己可以教人家、可以影响人家，这是濒死以前的想法。

濒死之后，我走遍世界演讲，越走越感觉到自己的不足，我最怕人家说，嘿，你什么时候有"演讲"？听到这两个字都觉得不好意思，我只是说我去做"生命分享"，分享生命的美好，我不是"演说者"，我只是"陪伴者"。

是的，我只是一个陪伴人的人。

当然，我也是一个很勇敢的陪伴者。有一次我去智利分享，下了飞机，接机的朋友还没到。机场的秩序非常混乱，言语不通，那里的人不说英语。一出机场，一位彪形大汉抢走我的行李，我不客气地冲了过去，抢回来。看，我有多勇敢。

濒死前后，你对财富的态度有什么变化？

完全不一样，以前花大量的钱买衣服首饰，许多东西都是一套一套买的。另外,我的鞋子也太多了,有好几百双,那要怎么收纳呢?我在鞋盒外面贴上鞋子的照片,一目了然,取用方便!

濒死以前,会花3万块买一件衣服,现在花3000块钱就可以了,剩下的2万多块就可以捐掉了。别人说我不会理财,但我认为自己是最会管钱的,我把钱放到最好的地方——别人需要的地方。

许多人都知道我爱穿"中国风"的衣服,那也是濒死之后的事情。因为这种衣服简单便宜又舒服,以前的名牌衣服太贵重了,不适合演讲和陪伴。

再有,说一件有意思的事情。以前在温哥华,我开的车被许多人笑话,连朋友的小孩儿都说:"阿姨,你的车子好小,比你家管家的车还差。"

但我觉得蛮好的,干干净净的车子,能代步就好啦!

但可能有人会说:演讲要面对很多人,也有一些尊贵的听众,你应该打扮得更尊贵一些。

我常常会想,人家并不会在乎我的腰是28寸还是32寸,人家在乎的是——听到28句好话,还是32句好话!还有,人家不是来看我做珠宝秀的。我有一颗尊贵的心才是最重要的。

你在全世界演讲千余场,各国听众对"濒死体验"的兴趣如何?

有一次在马来西亚演讲,我被吓了一跳,听众太多了,我真的呆住了，人都从哪里跑出来的？主办单位说，老师等一下。我说为什么，她们说没有椅子了，一定要把那一边的礼堂打开。我说那边打开要装多少人，她说可以再装1000多人，我说外面到底有多少人？

她说，坐地下的不算，有2000人。

由此可见大家对濒死体验的关注与兴趣。

还有一次在澳洲演讲，主办单位看到一些观众时就吓到了，为什么？那些人但凡有演讲就去"踢馆"。果然，当我一讲完，他们就举手了。一个人站起来说："赵老师，你讲的是什么东西？你讲的这些我都没听过。"

所有人都很紧张，不过，那人接下来却说："我从来没听过什么濒死经验。不过呢，看你这么热情如火，我可以慈悲地接受。"

我立刻说："谢谢你，对一个不了解的事物，你愿意敞开心胸接受，我真的非常感谢你。我常说：如果你不把心打开来，就像降落伞不打开，是没有用的。"

主办单位后来说："那些人说你好厉害，将了他们一军！"

还有一次，在演讲现场，有个很特别的人，一开始居然是斜躺着听我讲，很没礼貌是吧；后来就坐起来了，十几分钟后，开始正式看着我了；到最后握着我的手说："小慧老师，我真的不知道你会讲得这么精采，真的好感谢你。"

另一次，演讲的主题是"转化的力量"。才讲了不到5分钟，突然有人举手说："赵老师，对不起，我以为你要讲濒死经验。"

我说:"上次不是讲过了么?"

那人说:"7年前你讲过,可是我今天带了十几个朋友,他们都是特别来听濒死经验的。"

主办单位的一位小姐说:"我们调查一下,要听老师讲濒临死亡的请举手。"结果,三分之二的人都举手了。

我说,那可不可以请问:"在座的不想听濒死经验的请举手。"

没有人举手。

于是,我们临时换了主题。

他们为什么这么关注濒死体验?

有一个听众开了6个小时的车来听我演讲。为什么?死亡,大家都害怕,大家觉得听一次就可以从容一次。像我在印尼棉兰讲过4次了,他们听了之后都说:"老师,我们从来不会听腻,因为每一次听都是鼓励,鼓励我们面对死亡的时候——能够放下、能够坦然,鼓励我们向着正向慈悲的人生行走。"

一次,我在纽约演讲,那是我时隔3年再去演讲,当时就有一个太太站起来分享说:"我老公以前只管自己的事,不管别人家的事,现在下雪都会扫到隔壁一条街去,就是老师的演讲影响了他。现在我老公动不动就说:赵老师如何如何说……"

濒死体验与慈悲，有什么因果关系？

这个是无解的。

美国研究濒死体验最有名的教授甘尼斯，他整整研究了35年，他就发觉：死后活过来的人都充满爱心，都愿意服务别人，这是为什么？不知道。

有人说，那些人在濒死的世界中见到了光，被"光"影响和改变，并且充满能量地归来。但是，一个女医师搜集了30多个个案，这些人死后没有见到温暖的光，而是"到了"一个恐怖的世界，但他们回来后也是充满了爱、信心以及能量。

有些事情就是无解。也因为无解，所以充满魅力。

我的好友林耕新医师，提过他的门诊个案：有个大流氓在濒死体验后完全变了，变成大善人了，他甚至认为自己得了神经病，跑去问林医师："我是不是有病啊，我怎么发这种神经，完全变成另外一个人了。"

过去，他在夜市收保护费，发生一次车祸以后，他看到一道光。然后"死去活来"，之后就开始做好事，比如主动帮助扫地的小工收垃圾。大家吓死了，心想，没有收垃圾的时候就要拿那么多保护费，现在每天收垃圾，不知道要多少钱？结果，这个大流氓就说："不要钱啊，这是我该做的事！"

大的方面的转变是什么？

净化的真爱，真诚的助人，强烈的求知。

这三点以后我们会详细了解，先问一下，你的助人有时连亲人都无法理解，因为你居然在帮助伤害过你的人，下一次，能否讲讲相关的故事？

好的。

采访感言：

濒死体验，这一过程确实聚集着强大能量，它让生命如此自然地、近于宿命地转向"爱"。这种"爱"，不同于简单的"爱心"，它更像一种爱的"氛围"，包容自己，包容他人，包容天地，进而成为心灵世界不自觉的吐纳呼吸，清新温暖，意味绵长。

小慧，也在放大的爱的能量之下，开始她圆满的生命之旅。

第三章

15年，她终于知道我对她好

有一天的采访是在电话里进行的。而我确信，那是我听到过的对于一个女人最"恐怖"的故事，可是小慧阿姨时而自我调侃，时而还要安慰一下备受惊吓的我。

"你受到那么大的伤害，为什么你还能感恩伤害过你的人？"

"你知道吗？"电话那边的小慧阿姨语气沉静下来："这个世界上给你最大困境的人，常常是最爱你的人，因为，是他让你完成最重要的成长……"

你的朋友说你本就是不记仇的人。濒死之后，这一点就越发"变本加厉"，是这样吗？

呵呵，确实是这样的。

他们还以你和婆婆的故事为例，能为我们说明一下吗？

好的……像我们这个年代的人，容易遇到婆媳问题，而我的婆婆又非常特别，就会有更多压力。

有一次，婆婆出了很严重的车祸，出院后回到家里养伤，每天晚上12点她要准时吃犀牛角磨成的粉，12点钟到12点半之间一定要喝。

她怕我偷吃，所以要我在她的面前磨。我怕自己睡过头，半夜12点起不来，可是她说不准用闹钟，会吓到她。那我就开着电视看，一直熬到半夜，但她又说我浪费电、败家。我只好在房间里开着灯绣花，她还是说我浪费电。我只好坐在客厅干等，她又说我故意吓她。怎么做都错，都会挨骂。

我那时候就觉得很伤心，有了离婚的想法。但是从小管我很严的外婆说，你如果敢离婚，我就死给你看。

和婆婆在一起的日子确实很辛苦，尤其是这中间我又流产了3次，让我很难接受的是，每一次怀孕，婆婆都说我骗她，说我怀孕是因为不想做家事。等到流产了，在医院里头，我婆婆还骂医生乱讲那小胎儿是我的。

因为婆婆年轻时是助产士，她在我怀老大时已经78岁了，不准我去医院产前检查，她自己用听诊器听，半夜阵痛开始，她叫我躺在她床上，她先用洗厕所的消毒水洗洗手，就帮我检查。突然，羊水破了，弄脏了床罩，她就大声叫："下来！下来！你把我的床罩弄脏了,赶快把这床罩洗一洗,赶快!"

因为床罩太厚,洗衣机放不进去,她就叫我用手洗,还一直坐在旁边看着我洗,怕我偷懒呀!那时还是冬天,我站在厨房洗,羊水就一直流。她不准我先生帮忙,说这是女人的事,男人碰了会倒霉!还"安慰"我站着比较好,现在用力洗床罩是运动,这样子很快就会"生"了……

等到去医院,医生说我没羊水了,孩子根本出不来嘛!只好准备开刀。她却开始破口大骂,从中午熬到傍晚的时候,她自己也累了,回家去洗澡,医生才连忙把我送进产房开刀,才救了孩子。

我没有坐完月子就回到婆婆那里。回来后,有十几件的毛衣跟毛裤等着我洗,我永远记得——十几件一一摆在那里。那是冬天,还不能戴手套,因为她说会把毛线洗坏,得在冬天用冷水洗她的毛衣……

后来医生分析我得癌症的原因,可能跟长期心理抑郁有关系。毕竟,那样的日子过了10年。

面对婆婆对我的态度,我原来以为,她如果去世,我一定会放鞭炮,不晓得有多么高兴。结果有一天,老天真的就给了机会,我带着她去看一位私人医生,在诊所客厅里等外出的医生回来,她坐着坐着突然就昏过去了,倒在我肩上,我抱着婆婆用力摇却摇不醒,哪知眼泪不听使唤地一直流,我悲从中来地喊着:"阿母,阿母……"

我已经忘记要放鞭炮，也忘记要高兴了。还好，医生回来了，医生就讲："快点快点，让她躺下来就好了。"她躺下以后就回神了……

这个时候，旁边的老太太对我婆婆说："老太太，你刚才昏过去时，你女儿一直在哭呢。"

我婆婆说："她不是我女儿，是我媳妇啦。"那个老太太就说："好奇怪哦，媳妇有什么好哭的？还哭得那么伤心？"

那时候我不晓得为什么哭得那么伤心。哭后才知道，其实我还是爱她的，经历了那场可能的生离死别，我启动了自己内在的情感部分，原来我是舍不得她的。

她回过神后，诊所医师要我们20分钟内再到大医院检查，才能理清昏倒的原因。她说要先回家，我说不可以！最重要是先去医院。她又开骂了："你就是败家，如果不赶快交代那些重要的事，我万一出事了，钱会让政府全部拿去了。"

我说："没有关系。"

她说："我不是要给你的，是要给孙子源源的。"

我说："不必！我会教书，源源不会饿死。"

在医院住了7天，她嫌医院伙食贵，我每天在家烧好三餐再搭公交车送过去给她吃。出院后，她开始改变了，你知道吗，我一嫁过去，她就说我是因为她家的钱嫁过去的，但是我不用她的钱。即使给孩子买尿布，都是用我自己绣花的钱，以及我写文章的稿费。

出院后，她开始慢慢把钱交给我先生管理。

她仍旧每天骂人。现在回想起来，她其实好可怜，她嘴上永远是骂人的话，全是坏话，自己的心情肯定也不好。比如说，我们炒菜放肉丝是不是很正常？她吃了，却说："这是什么杂种的炒法？"

出院后，她仍然会骂，但是会补充一句："不过，还不算太难吃。"

我的两个孩子对她很好。有一次她大小便失禁，我和儿子（10岁）及女儿（7岁）3个人帮她擦洗干净。那时，儿子就问我说："妈妈，姑姑说阿嬷对你很坏，你会恨她吗？"

我说："不会，妈妈当然不会恨她。"

儿子就讲了一句话，我听后觉得一切都值得了。他说："妈妈，谢谢你，因为阿嬷对我很好，如果你恨她，我不晓得怎么办了。"

我的孩子真的很棒，那时候我教育孩子的方式可能也把婆婆感化了。有一天，两个小孩想吃冰淇淋，冰箱只剩下一个，儿子就对妹妹说："我们不要吃，妈妈一定会留给阿嬷吃。"当时婆婆在他们后面听到了，很开心。

这事情婆婆一直记得，她也和别人说："她（小慧）教孩子教得很好。"

后来，我们移民去温哥华。她喜欢游山玩水、逛街，晚年都在讲我对她怎么好。她说："你一定会长命富贵，你对我这么孝顺。"其实，那都是为人媳妇该做的。

我还记得她去世时，准备封棺前，有一位亲戚对着棺内说："姑姑，小慧对你这么好，你现在要走了，请你帮她把病带走，让她的身体赶快好起来，你要保佑她哟……"

这时候的婆婆已经死了4天，却怎么也没想到，我婆婆这个冰着的人，嘴角居然会流出了鲜血。

很可怕，是吧？但是亲友们说："她听到了，她知道了，她会保佑你的。"

采访感言：

听完小慧的故事，有的读者会说："面对伤害自己的人，我仍然无法原谅，小慧姐的心界太高了。"

没关系，至少，在她的经历中我们"感受"到了一些东西……感受到她宽恕之后的从容，感受到了这种从容带给他人的从容。

即便不能彻底宽恕，我们也不会加深怨恨，不会纠缠于怨恨，不会将怨恨必须付诸行动而后快，我们让怨恨静静地待在那里，一如她让从容静静待在那里，"两者"同在，就会有什么悄然化解。

一个居室之中，有些难以去除的异味，只要我们不慌不忙，点上一缕香，也就能逐渐平心静气了。

第四章

把怨恨写在沙上，让海水带走！

欢喜无所不在

倾听赵翠慧生命感悟

这天中午，小慧阿姨请我们在一家法式自助餐厅用餐，我们挑了一个靠窗的位置相对而坐，只见阳光隔窗爱抚着桌上的粉红康乃馨，对面是小慧阿姨和姐姐这对相亲相爱了60年的姊妹，不远处则是饕餮大餐……这场景真是让人舒心。

席间，大阿姨说到，小慧曾帮助一个给她带来最大伤害的人。几乎没人能够理解她的行为，但是身为"生命共同体"的姐姐，她完全懂得……

对于这样的婆婆，一般人会觉得有足够的理由可怨恨。你为什么不恨？

也许，没有一个人有资格说："你做错了，我原谅你。"而且，她也有好的方面，比如电视里有劝募，她就会喊我："快，快，帮我记下住址电话！"然后就让我领着她去那些偏街陋巷，把钱送给那些需要的人。

后来，我也经历了一些事情，更愿意在心中对不好的东西进行"正面"的转化，比如，我就想：如果没有经历过婆婆这样子的考验，那么之后患上癌症，加上某一段时间和先生的感情变故，我可能就承受不了。所以，现在的我，对婆婆以前的种种，是非常感谢的……

在采访你的亲友时得知，有一个人曾经深深地伤害过你。而你非但不记仇，反而在对方处于困境时帮助她解决债务纠纷。亲友对此都大表反对，但你坚持要这样做，并且你还经常和这个人聊天，纾解对方的烦恼。是这样吗？

的确有这件事。

说实话，对此我们同样无法理解，但也越发好奇：被伤害的感觉真的可以忘记？

确实忘记了，而且这种忘记发生得也很自然，不会有牵强的感觉，或者需要调整什么的。我就觉得她在困难之中，而我在面对一个有难的人，这个时候你不能落井下石啊！那些伤害的事情就像写在沙子上面，已经被海水冲走了，没有什么痕迹。

我想，不记仇可能是我的天性，当然，濒死重生之后就更强烈了，不再比较、不再计较了，这点是我最感谢的。为什么感谢呢？一个人不计较之后，想到不好的事情就会很平静，面对不好的事情都很平静，就会很开心啊。

如果你不对她做这些事情，会不安吗？

不做的话我就会想：我怎么对她没有一点同情心。对别人，我都愿意去陪伴了，为什么对一个伤害过我的人，我就这么吝啬地不肯去陪伴她？我为什么会这样？就会反复问自己。总问自己，肯定会不开心啊。

与其让自己不开心，不如去做些事。

其实，如果选择原谅对方，就会远离"自己还在被伤害"的感觉，已经离开了与伤害有关的暴风圈。那个伤害带给你的伤害就远去了。

讲一个故事给你听，它对我影响很大。在非洲某地，他们这样对待杀人犯：让被害者的家属来决定这个杀人犯的生死。比如决定在水池里处死杀人犯，如果家属愿意原谅，就可以拿棍子把杀人犯拉上岸来。当然，大部分的人都让杀人犯淹死了。可是他们发现，肯拿棍子把杀人犯拉上岸的人，最终都能得到非常好的心灵疗愈。他们正常地面对后来的生活；而那些没有原谅杀人犯的人，就永远生活在痛苦中。

我就在想，你当然可以不原谅他。而且，没有人会说你错。可是你为什么不给自己一个机会？如果你可以跨越敌对的态度、敌对的情景，不是说宽恕，而是——跨越，那会有多么了不起！多少会觉得自己在一个很高的点上，如同突然攀登到喜马拉雅山顶上去，然后看下来，何其广阔啊……

还有别的故事对你有影响吗？

以前听许多人讲到宽恕，我也不是很能理解。可是当你面前站着一位受尽折磨却心怀宽恕的人时，就会被打动。比如：伊丽莎白·库伯勒·罗斯，一位参透生死的精神科医师，她曾经讲过一个故事：

十九岁的时候，她跟着红十字会到波兰的梅特涅集中营。在那里，她看到了太多犹太人的苦难。在梅特涅集中营外面有好多大车子，装满了小孩子的鞋子、衣服和头发，希特勒杀死了几十万犹太孩子啊……

在参访时，一个叫歌坦的姑娘给大家作导游，她对伊丽莎白说："我的外婆、爸爸妈妈以及姐姐哥哥一共11个人，全都被送进了毒气室。"

那她是如何存活下来的呢？

原来，毒气室的人太多，门关不上，纳粹就把她拉出来，可是又不死心，就再把门打开，想把她挤进去，还是关不上，只好再把她拉出来……第二天应该轮到毒死她了吧？但是，她已经在昨天被毒死的名单里，于是，最终就这样活了下来……

她看着自己的家人被脱光光、头发剃光地推进去……在那场浩劫之后，她每天都告诉自己，如果我能活下来，我要告诉全世界希特勒有多么残忍，我一定要把这件事情告诉全世界。

但是，当她真的被救出来的多年以后，她就转念了：为什么我要让希特勒住在我心里呢？我为什么要每天恨他呢？我要做的，不是把"恨"扎在心里，而是要告诉大家，这里面曾经发生过如此悲惨的事情，这样的事情不要再发生了。我要做的，是让大家心里都充满爱，充满宽恕。

她说："唯有受过伤的人才能展现出来的爱，就是宽恕。"

这个故事给我很大的触动：不懂得宽恕，不愿意宽恕，就是在对自己进行二次伤害……

但不是所有人都有这样的境界。

当然，你也要尊重他人宽恕的生成时间，可爱的小歌坦仅用了几年就转化过来。另外一个受害者是位心理学博士，他也是十几岁遭遇这样的悲痛，但他花了30年时间才走出来。那我们就不能说，你怎么转得这样慢呢？每一个人对自己的悲伤转化——都有自己的时间表，要尊重这个时间表。

宽恕是心灵转化中最艰难的事，但也因此蕴含了心灵最大的力量。拥有这个力量，你将拥有更多，比你失去的和被伤害的东西多得多。

还有什么故事想和我们分享？

我很喜欢和人讲《小灵魂与太阳》的故事，这是《与神对话》作者尼尔·唐纳·沃许写的一本图文书，这书大概10分钟就可以读完，但是值得我们花10辈子来实践书中说的事。

一群可爱的小灵魂在天上，快乐地玩耍，他们看见神来了，其中一个小灵魂跑去跟神说："神啊，我在这里非常快乐……但是，我想请教你一下，我为什么看不到我自己啊？"

神说："哦！因为你现在在天上，而你们都是光，这个地方全都是光，所以你就看不到自己了。"

小灵魂想："对，因为大家都是亮的，所以看不到彼此。"

神说："如果有一天，黑暗来临了，你就看得到你自己了，因为在黑暗中，亮光就看得到，对不对？"

小灵魂接着又问："神啊，我觉得呀，我有好多个特质对不对？"

"嗯！说说看，你有什么特质？"

"我很友善，我很愿意学习，我很快乐，我很幽默，又很有创造力，我有创意，又会翻跟斗……"

"对对对对！这都是你的特质。"

小灵魂却皱起了眉，说："神啊，可是我不晓得什么叫做宽恕？"

"哎呀，这也是蛮麻烦的，因为在这个地方大家都这么好，没有一个人需要你来宽恕啊。"

"可是我好想学啊，我好想知道宽恕的感觉。你可不可以告诉我！"

神很烦恼，怎么办呢，碰到这个小调皮捣蛋鬼。这时，有个很漂亮的小女生的小灵魂过来了，跟小灵魂说："小灵魂，我愿意帮助你。"

小灵魂说："太好了！太好了！你为什么愿意帮助我呢？"

小女生的友善灵魂说："因为我爱你，我愿意帮助你了解什么叫做宽恕。"

"好啊！好啊！可是你要怎么做呢？"

小女生说："我们在下一期的人生周期里，我将扮演邪恶，你将扮演善良。我会对你拳打脚踢，我会对你恶言相向。可是你一定要记得，我是为了你而来的，我是为了爱你才来的，我会让你学到什么叫做宽恕。"

神接着说："小灵魂，当你到人间去，你会在这一期的人生周期遇到很多很多的人、事、物，你要对所有来到你生命中的人事物都充满敬畏、充满感谢，因为他们是为了爱你而来，不管他们对你做了什么事情，如果你领悟不到、做不到的话，我会派第三者来启发你……"

这一本书讲的宽恕非常感人。我想说的是，如果遇见让你受不了的人，如果你肯想一想，他是为了爱你，所以来到这一世，在这一世跟你为友，为夫妻，为父子，为母女，或者什么样的关系。那么，无论他做了什么，都是为了爱你才来，或者，为了让你学会爱而来。

是的，为了让你学会爱而来。

濒死之后，你对整个世界都不那么计较和在意；而原谅别人对你的伤害，似乎只是其中很小的事情。是这样吗？

的确，我对太多事情都不介意。我介意的事情只是，我能够做多少次陪伴，能够看到多少世间的好。人的脑筋能够装的东西有限，不要把它用来装那些苦恼，那太可惜了嘛。

所以，我的名言就是：不计较不比较，好好吃饭睡觉。这样，一个人就会活得"非常自在"。

自在？与欢乐幸福相比，它有什么不一样？比欢乐幸福还好？

"自在"包含欢乐幸福，幸福欢乐却不见得"自在"。一个人如果非常自在，他不但快乐幸福，而且没有任何负担，心无挂碍……

采访感言：

不计较不比较，好好吃饭睡觉。

人的内心，似乎存在某个高地，若能学会从那里俯瞰"计较"，就不会有感觉。一如某天，回想10年前的痛苦，不会有太大的感觉。

小慧的内心，就有"一秒十年"的奇妙机制。

小慧是"死"过的人，心灵世界被大大精简，仿佛一个屋子，一下被腾空，留下的只是从窗外照入的阳光。这些阳光，是对世界的关怀与慈悲，是生命的莫大欢喜，这些光影，足以让屋子满溢。甚至，整个屋子无法承纳。一如生命太短，享受这些都来不及，哪有时间、哪有心情再去计较。

"连这个都能原谅了，还有什么过不去的门槛？"原谅一个人，就能得到一生的平静欢喜，这是小慧式的、生命中最为简单的"幸福原理"。

第五章

"借钱也要捐"

这天在小慧阿姨家里采访时,有一位朋友到访。这个朋友是一个公益活动的兼职人员,负责一部分的募款。她还没把募款的来意说完,小慧阿姨就走进房间里,出来时手上拿着一个大信封,直接交到朋友手上,说:"喏,你看你有多好运,本来这笔钱是给另一个活动准备的,先到先得喽!"那个朋友道谢着,说着说着就哽咽了……

这几天我发现,你桌上始终放着一些高龄老人的信息。

我曾经捐了一笔钱给一个慈善机构,他们常常寄给我一些小册子,其中一个内容就是怎样照顾被抛弃的脑萎缩老人,我看到他们做的事情就好感动。在台湾最南端有9000多老人,他们都是独居或者是被弃养。有的年纪非常大,一个人孤苦无依。我就觉得一定要为这些老人做些事情，一定要请看护工给他们送饭，帮他们洗澡。而这需要很多经费，我能够做一点点，就做一点点。但是我会持续地做；另外，我也找了十几个朋友一起帮忙。

尤其我爸爸中风后，我就更有感触。那些老人就像我爸爸一样，我们待他像宝贝一样，这么疼他，怎么还会有人被放弃、抛弃呢？

只是现在，我记忆力不太好，为了提醒自己，就把相关资料剪下来放在桌子上，每天提醒自己"老吾老以及人之老，幼吾幼以及人之幼"啊。

为需要者捐款的资讯，你是怎么得到的？

其中一个途径就是朋友介绍。有一年，我从温哥华回来，田玲玲大姐就带我去关怀许多患罕见疾病的孩子。他们看到田大姐就冲上来，要知道，田大姐穿着漂亮的旗袍啊，孩子们流着鼻涕，有的拿旗袍擦鼻涕，有的口水就流到田大姐身上。但她一点都不介意，还拿自己的手绢慢慢帮他们擦。那时候我觉得好感动。回来后我就想办法要帮助他们。

我自己也看媒体报道啊，一些活动，虽然没人邀请我，我就自己去了。看到有募捐的电话，我就会打电话去问账号。我也经常和一些公益机构负责人聊天。比如有一次，我问对方最近在做什么，她说在帮助受暴妇女跟受虐儿，让这些人可以在庇护的地方住三天两夜，疗伤以及接受心灵抚慰。这些地方要花钱啊,我就说你们预算这么紧,怎么做?她说不要紧,可能就是做一期,我就说把账号给我,我赶快呼朋唤友要大家一起来做慈善。

另外,我和姊妹们一起聊天时,也经常讲些公益赞助的事。比如这一家很悲惨,那个人失业又车祸截肢,祸不单行,我们就赶快去捐钱。全家都是这样,我妈妈比我更严重,她是我最大的开销,为什么呢?她会跟我讲:"我去了寺院、孤儿院、老人院……我看到那小孩子没有书可以读,老人生活好苦,所以,我就拿钱给人家了,你那天给我的钱已经没有了。"之前我明明偷塞不少钱给她啊!早就没有了,她也一点都不手软啊!

你每个月都有固定捐助吗?

很多是固定的,比如要给一些慈善基金会,他们的救助计划需要经费;给老人团体的,给临终关怀团体的……我认养一些孩子,每月固定给他们一些生活教育费。

你的收入主要来自出租房子的租金,所以,罗妈妈(罗李阿昭,赵翠慧最好的朋友之一)就说,每个月,扣去捐助的费用,你手里几乎没有剩下什么钱。

是。

你经常在没有现金的情况下认捐,之后你怎么做?

我先跟你讲一件有意思的事。有一天，我的管家走进书房，坐在我面前说："你是怎么样，跟钱有仇？"

我知道她要说什么，我就不说话。

她说："你手头的存款是不是又没有了。"

我说："嗯，你怎么知道？"

"我看到你放在桌上的银行存折，本来有钱的，怎么又没有了。钱会咬你吗，钱到哪里去了？"

我说："捐掉了。"

她就不和我讲话了。我和她说："担心什么呢？反正下个月，我们就有房租了。"

她说："你就是这样没有用，什么钱都用光光，都是给别人。现在好了，没有钱了，你也不用捐了。"

其实，她这么说也是因为很爱我。她不知道的是，没有钱，我也可以捐啊。有一次，我要支持一家血癌基金会，需要20万新台币，但我手里确实没有钱了，我就去找爸爸，我拿出一张支票给他，说："爸爸，三分利，我给你三分利好不好？"当时，被妈妈看到了，可爱的妈妈是全世界最爱钱的人了！她说有钱可以做好多的善事，马上请爸爸把钱借给我。

我爸爸也很可爱，他仔细看了一下支票，说："现在才3月，你拿10月份房租的支票给我，那中间几个月到哪里去了？"

我说："早就抵押出去捐掉了，只是别人没有你那么狠，不会拿这么高的利息。"

我爸爸讲了一句很经典的话："我没有反对你捐，可是，可不可以不要才3月就捐到10月。你如果有100块钱，你可以捐90块嘛，不要100块钱捐120块，好不好？"

我说："尽量嘛！"

我妈妈就笑了，说："你的外婆就这样，有100块钱捐110块，不过，你现在是捐120块了。比外婆还严重。"

有一天，我的好朋友阿昭姐很认真地对我说："你愿意捐钱就捐钱吧，但你千万不要把珠宝和画卖光，再把股票房子也卖了，可怎么办啊？你不能卖老本啊！"

我和她说："你们就是我的老本啊，到我老了，你们就养我啊。"

她说："我是会养你的，但是你还是不要什么都卖光光。"

他们总是担心我在捐款方面"挥霍无度"。有一次，我拜托儿子帮我汇出捐款。他问我，现在只有4000多块在你的帐上，你还有其它的钱吗？我说什么其它的钱？他说像美金，你有美金吗？我说有美金的存款簿啊，他一打开，只剩下16块，我说没关系，下个月就会有房租了。

偏偏下个月时有个房客不租了，我就觉得很好笑，我前后穷了3个月，可是那一次我就感受到，什么叫"散尽家产"啊！我一点都没有恐慌，甚至浑身轻松。噢，在这种情况下，我竟然一点都不紧张，我还给自己掌声呢！

有意思的是，后来这个事情被我的一个企业家朋友知道了，她说把她吓死了，还说她存款没有1000万的话，根本睡不着觉。那是因为她的企业很大、压力也很大啊！

当然，我也不能真的散尽家财，那样我岂不是要成为大家的负担？不过，说来也奇怪，我居然从来没有穷过，我想是因为我在精神上很富裕的关系吧！我对物质的要求并不高啊！

卖珠宝做慈善，是怎么回事？
卖珠宝？那还好了。当时我需要100万，为了支持一个教育基金会，我就卖珠宝，我买的时候是多少钱，原价卖回珠宝店就可以了；珠宝在升值嘛，对方就赚了。

为什么必须卖珠宝？
因为手头没有钱啊！

没有钱不捐不行吗？
不行，基金会需要啊，需要这个钱去发展啊。

珠宝商不问为什么卖回来，为什么要多次卖回来？
她习惯了。她们也知道我是为了"公益"。

都到了必须卖珠宝的地步，会不会觉得"很辛苦"？
你错了，你看我还有东西可以变卖，多好啊！

听说大陆的自然灾害你也捐款？
是的，汶川地震、玉树地震都尽了点心力。其实，数目不重要，有人捐10块钱也是他的心意啊，不要让人觉得因为捐了那么多钱，所以很特别。重要的是，大家想到那些受苦的人，很舍不得他们。让他们知道，我们爱他们、支持他们重建家园，这比什么都重要。

你在劝募善款的时候是怎么做的？

如果是和朋友筹款，我会说得非常直接。比如，我就直接对罗大姐说："大姐，现在玉树地震了，那边的人相当辛苦。我们一起来帮忙好吗？"

我从来都是直接问，也不拐弯抹角。很重要的一点就是我很用心，大家很信任我；另外，我不是随便开口的人，一旦开口，他们就知道已经是火烧眉毛的事了。

有一次，我们要捐书给山区孩子，需要300万新台币，那时正好和两个朋友喝下午茶，我就说，那就分4份好了，一个人75万，但是，现在还差一个人，怎么办？正好，有一个好朋友住在澳洲墨尔本，我就打电话给她说，我们正喝下午茶，讨论送书到偏远山区的事，一个人分担75万，算上你，我们这4个人正好分了。

她就问："为什么？我又没有喝到下午茶，那我为什么要分75万，你又没有把咖啡寄过来？"

话是这么说，但她还是出钱了，大家就是这么好的朋友。

有一次，为了一个公益我们做了一次义卖，当时觉得有3000万新台币进帐就不错了，结果卖了两亿一千万！

我鼓动好朋友来捐助。有意思的是，有的朋友捐了名贵的画来义卖，最后自己把画买回去，他们就以这样的方式支持做善事。

特别提一下我很爱的罗李阿昭大姐。还记得某次义卖时，她不在台湾，我就帮她买了一张画，14万，本来是9万起价，但是大家喊来喊去，就变成14万了。我替她买完之后，她打电话来问结果，却开了一张20万的支票给我，原因是因为："14万很难听啊！"她做善事很大方。

后来，她还跟我说，你的画不好看，只有黑色和白色，又画个孤单老人在桥上。还给你再去义卖吧！

很多画都是这样的，还回来之后再重新卖，一幅画要卖好几次，有时一幅画已经10多万块卖了，但是，又有人要出30万，就得重新拿回来卖，真的是落槌不算。连拍卖师都说，他从来没有参加过这样的拍卖会。

其实，别人也问过我，为什么捐款者会信任你？这个很简单，你在做一件事情的时候，一定要完全奉献，完全利他，自己要是有一丝一毫的偏差，每一个人都能看出来。不要以为别人都是傻瓜，大家的眼睛是雪亮的。你能无私地做，你就做；你要是做不到无私，一定不要逞强。

捐款帮助的人和事，你从来都不去监督和审核，也没有任何要求，也不要任何收据凭证。这一点，我深有感触，你是怎么想的？

我常常在讲，每一个人都是独一无二的，每个人都有他的潜能。所以，我全然信任他以后，他就会全然奉献，就会自动自发做得最好。如果我还在那边挑三拣四，嫌东嫌西，那我在做什么啊？

对于捐助事情的后续，我真的从来没有问过。不是不关注，而是我知道，我使不上力，我唯一能做的就是全力支援你。你做的肯定已经是你最好的表现，不要再要求了。

我永远记得有人这样描述他的主管：他们做了9件好事，只有一件不好，主管就骂那一件不好的，那九件从来没有赞美过。我可能正好相反，你做了9.9的不好，那0.1对我来说就是不得了的好。永远看到别人的好，为什么还去要求别人呢？

在美国有一位"爱的心灵大师"，名叫里奥·巴士卡力，他的一句话让我非常感动，他说："花开，不是为了取悦别人。"

我听后立刻就觉得："确实就是啊。"

非洲的郁金香、欧洲的郁金香、美国的郁金香、台北的郁金香都在同一个季节开花，它们没有相约而来，但却同时开花，它们也没有打电话啊，也没有看到它们用网络联络："明天我们要开花了，你要不要也来共襄盛举？"

再看昙花，它都是晚上开花，很香很漂亮，但是晚上就很少有人看到啊！三更半夜开花，开给谁看呢？

即使你对它说："昙花，明天你白天开，明天我有客人中午12点钟到，你就12点开花刚刚好。"谁理你呀，它照样半夜开花。那么，花开，确实不是为了取悦别人，它有自己的花期，它

有自己的使命……

同样的，你在帮助别人的时候，也只是因为你有那个能量，是这个能量的自然释放。既然这样，你帮助别人的时候，凭什么要人家来感谢你呢？为什么还要监督对方呢？

就像大诺做的"辅导残疾人创作"的大工程，你有这个爱的能量，你就自然而然地做了，你并不要求学生们感谢啊。

从另一个角度说，我们不是在帮助你，而是要感谢你，感谢你提供了这么多有志向的孩子，提供了这么多勇敢的生命故事。我们找不到这些孩子，你替我们找到了，当然要感谢你啊！像我的好朋友们就说："那个钱什么时候要给大诺……"我说："等一下，你也太急了，一天到晚就问我钱什么时候给大诺。"还有，罗大姐也说："你要记得帮我跟那个大诺讲一下（资助的钱）啊。"

帮助别人，是很美的一件事情，我是玫瑰花、你是郁金香，他是芙蓉、她是芍药，我们都准备好了爱的能量，"砰"的一下就都开了。

所以，助人是无条件的，就像花开一样，无条件开放，在风里摇曳，那么美，竭尽所能地漂亮。

对于你这样的捐赠，儿女理解吗？

孩子小的时候会讲："妈妈，你会这样一直捐一直捐吗？"我说，对，因为那些人都很可怜。他们就说："那这样子，我们会变成全世界最穷最可怜的人，对吧，你都捐光了。"

我说："不会，当我这样子捐的时候，那个爱就回来，会有更多的人照顾你们。"

而现在，他们会说："妈妈，你就捐好了，即使你用完所有的，我们自己会赚钱。妈妈，你已经很棒了，你没有'总是'去借钱捐款……"

可能有人会问，这些钱为什么不留给自己的孩子？

我从来都没这么想过，我真的是感谢他们有一个好爸爸。爸爸有钱会给他们，我常常想到的是——我在"帮"他们做善事，我帮他们献爱心，帮他们种福田。

其实，捐钱是一个很简单的事情。我常讲一句话，凡是钱能够解决的问题，都不是问题，很多事情是钱不能解决的。我现在做的一些事，就是钱不能解决的。所以，孩子们就会很理解啊，他们就说："妈妈，你做的那些事，是钱买不到的。"

什么样的事情是钱买不到的？

比如，对他人真心的陪伴。

采访感言：

没有钱时借钱捐助，甚至变卖家产捐助，在一些人看来，这似乎很难理解，或者觉得没有必要。但是，在小慧看来，那些需要帮助的人，他们的处境太急迫了，他们的痛苦太急迫了……

意识到他人痛苦的急迫，是因为深入的感同身受，那些痛苦"移植"到自己心中。面对"我们的痛苦"，自然要立刻清除。更何况，曾经濒死，知道生命无常，自己可以离去，那些痛苦必须消除。

他人之痛即为自己之痛；于是，自己之钱就是他人之钱。

第六章

没有响应,我仍然陪伴你

有一天,我们经过台北天母跳蚤市场,其中有一个卖手工首饰的摊位吸引了小慧阿姨的注意。她像个小女孩一样兴奋,每见一个都赞不绝口,然后直接放入小购物篮,不一会儿就放了一大堆,那个年轻的小老板看上去开心死了。

"买这么多干嘛?"我问她。

"给春曼和心曼(与小慧阿姨相识、住在北京的肌无力姐妹——编者注)啊!她们那么爱美,一定喜欢这样的东西!"说着,又挑了一对耳环说要送给春曼、心曼的弟媳小英。那些被她装在心里的人,有多幸福啊!

说说对弱势群体的陪伴吧!我看过一张照片,你趴在地上,帮一个重病孩子捡球,那是什么样的事情?

那次，我们带很多重症小孩去打高尔夫球。他们从来没去过高尔夫球场，非常兴奋。说到这儿，真的很感谢长庚高尔夫球场。那个草坪遇到重型轮椅压过去就毁了，得重新铺过。但是他们毫不在意地允许孩子直接上去。管理层还一声令下，为我们请来台湾的顶尖教练，教孩子打球；而我们，就是"球僮"了，也就是你看到的照片中的样子。

有一个叫苏郁婷的孩子，从来没有碰过高尔夫球，照片里的她笑得好灿烂，教练推杆给她看，她就会叫起来，非常兴奋。

吃饭的时候，因为工作人员没有服务过肢体障碍的人，不晓得怎样做。有些得了脑瘫的孩子，吃起来就会乱七八糟，我们就帮他们扫干净。那个时候，家长都会不好意思……我们就和家长讲："不要担心，慢慢来，慢慢来，我们会帮他们擦。"

周大观基金会经常举办这样的活动。有一次，我们请许多重症孩子去看军舰，一个得脑瘤的孩子还戴了舰长的帽子。后来，他的家人说，孩子经常讲自己是舰长，有多么伟大。临到最后化疗时，因为脑瘤的缘故，脑袋都胀起来变形了，但他仍然坚持戴着帽子说："我是舰长，不能没有舰长的样子，一定要勇敢。"

离世之前，他也说，我是舰长，不能伤心。他甚至对他的祖母讲："我要勇敢地离去。"

要知道，这个孩子只有11岁啊……

他的告别遗像，就戴着舰长帽子。

说到我对需要帮助者的陪伴，应该是从周大观开始的。

1993年，我从加拿大回台湾治病，一个老朋友——陈木城校长——问我可不可以去看看一个得了癌症的10岁小男孩，他和孩子的爸妈很熟。我刚回来，什么报纸也没看，不晓得那是一个很有名的小孩儿，那时的我瘦巴巴的，精神很差，许多活动都推掉了，但为了这个事情还是要去的。

那时大观已经开了刀，膝盖截肢，静静地躺在那里。他是个很瘦的小孩儿，眼睛大大的、骨碌碌的，讲话声音很弱。我很舍不得他……所以常去看他，他说他写诗，很爱读书。我说真是不得了，就带一些书给他，比如一整套手绘本的《百喻经》，都是佛教故事，他很开心。

后来，我又去买了一个小录音机给他。那录音机就像情报员用的，只有火柴盒那么大，他虽然不方便写字，但我希望他有什么话可以录下来，他应该会想录一些话。他是个管家公，很喜欢管他弟弟以及他的妈妈爸爸，一天到晚就叫他弟弟要认真读书啊，比如：你不认真读书妈妈怎么办啊？你要帮我好好孝顺爸爸妈妈……等等。

我找了好几家才找到那么小的录音机。为什么得要很小呢？因为他拿不动，只有非常小的答录机，才可以放在他的手心里。

我跟他讲我也病了，可是我现在很勇敢，我说你也要很勇敢。他问那你会死吗？我说一定会的，每个人都会死的。他说："你会比我先死吗？"我说我不知道。也就在那时候，他跟我约定成立基金会。他说："如果我死掉了，你帮我做基金会；如果你死了，我帮你做。"

我心里想，什么叫做基金会？不太懂。不过，看他好认真，就先答应他了。其实，我哪有那么多时间管什么基金会，自己都病得快死了。

有一段时间我几乎每天都去看他。白天太忙了就晚上去；如果出远门，来回开车三个多小时，也还是会去。周爸爸就说，真不知道为什么我会去得那么勤。说实话，我心中也很纳闷，我的直觉是：大观需要我……

到了大观生命的最后几天，我担心大观走得不平静，就和星云大师说了。他特意指派永融法师去医院看大观，永融法师给了大观一个玉菩萨，跟大观讲："大观，如果菩萨来接你的话，你就记得跟菩萨去噢！"

大观的小手拿着那个菩萨，说："好……"

第二天一大早，我又去看大观，周妈妈就一直哭，她拉着我的手说："小慧，大观哭了一个晚上。"

我说："为什么？"

周妈妈说，大观想了一个晚上，他还是不要跟菩萨去，因为他舍不得爸妈和弟弟。

大观问妈妈："可以不要跟菩萨走吗？"周妈妈不晓得怎么回答他。大观还说："可是，我答应了永融法师，我会不会变成一个说话不算话的人？"

我心里想，什么时候了还担心说话不算话？赶快进去跟大观说："没关系，你就留下来，不要跟菩萨去，这不是'说话不算话'，你可以跟菩萨讲我爱我的爸爸妈妈和弟弟，我想要留下来。"

"真的吗？"他问。

我说当然是真的。永融法师的意思是说，如果菩萨来了，要接你，你就跟他去那边。那边很好玩，很漂亮、很舒服，你的身体也不会再痛了。可是，你如果爱爸爸妈妈，爱弟弟，这也是一定的，你当然可以留下来。法师会知道，菩萨也会知道……没有人会怪你。

"哦。"他安心了。

最后，他安心地走了……

大观去世后，周爸爸周妈妈捐出了大观诗集的稿费，创办了周大观文教基金会，我也尽全力支持，他们一心要把大观的精神带到全世界。就像大观生前说的，我还有一只脚，我要走遍全世界，我们要让大观"走"出去，我们要普及他的顽强精神以及无私的爱。你们知道吗？当初我去医院看大观，常会带玩具给他，第二天就没有了，他已经送到隔壁病房，送给其他的小朋友了。

当然，在身体不好时，我也想退出基金会。不过周爸爸很厉害，他只说一句话，就能打消我的念头："你自己去和（天上的）大观说吧！" 我也就不再提了。

我们在采访中知道，其实，你的陪伴从加拿大就开始了。说一说你对"地中海贫血症"孩子的陪伴吧？

噢，那个事情啊……某一天，有个朋友特别来找我说："真不知道要怎么感谢你啊！"说实话，我真的忘记了……当初，他的大儿子患上"地中海贫血症"，从巴西路经温哥华时就发病了。我从朋友那里得知这个消息后，马上前往医院看他，发现他弟弟竟然也是这个病。那时，老大好像才十一二岁，弟弟好像七八岁，后来两个孩子都走了……

我们戴着口罩进医院探视……我只记得他的妈妈，个子小小的，很难过。对了，弟弟讲了一句话。他问："阿姨，我会跟我哥哥一样死掉吗？"我就觉得好舍不得。

那时每天去医院，就像看大观一样，他们需要什么东西，就送过去，比如说带面包、点心，小男孩一定爱吃这些！另外，孩子的爸爸妈妈需要陪大儿子在医院，我就常常把弟弟带出来，带到我家里玩，减轻他们父母的负担。圣诞节的时候，也把他们全家请到我家里来。

你跟这家人之前认识？

完全不认识，只是有人和我提起这么一件事。说有一个小男孩在温哥华发病了，而且人生地不熟，我就决定去看他们。

他们为什么那么相信你？

我的做法比较特别，我从来不管别人相不相信我，我只管照我的方式去说去做。相不相信我不是重要的，我相信人与人之间有个直觉。第二次见面时，他就把小儿子交付给我了。

你有许多次这样的经历：早晨坐飞机离开台湾去安慰别人，然后再赶飞机回到台湾，深夜才返家。请说一个具体的例子吧。

一个听过我演讲的香港太太，在某次意外之后遭逢丧子之痛。她走不出悲伤，她的朋友就问我："要怎么安慰她呢？"还说，她很想到台湾来，听你劝劝她……

我一听，那怎么可以？怎么能让这么悲伤的妈妈跑这么远？我就说："正好我有事情要到香港，我去看她好了。"

我当然没有"正好"要去香港，只是不能让这个妈妈太辛苦嘛。

定好时间后我就去机场了。后来，在香港一个咖啡厅里见到这个太太，一开始的时候她一直哭，边哭边说着她的悲痛。我不打断她，只是让她尽情地说出来。直到她说："别人和我说，走了一个，你还是有两个孩子的啊，哭什么啊……"我立刻说："你当然可以哭，一辈子都可以哭，即使你剩下100个孩子，也可以哭，你有这个权利，只是，真的不要伤心过头，更不要伤到另外的两个孩子，让他们觉得不知怎么帮你。其实，不只你一个人难过，你身边的人也很悲伤，孩子失去哥哥，先生失去儿子，你的悲伤如果始终继续，他们又该怎么办呢？他们的悲伤也就无法停止。"

"而且，换个角度思考一下，如果你死去，你的孩子在人间每天哭、每天哭，天上的你会愿意吗？不愿意，对吧！那么现在，孩子在天上看你这么痛苦，他会好受吗？"

聊到最后,这个太太终于放下了,我也放心了。该赶回台湾了,这时候才承认我是专门为她而来。不过,我想让她知道的是:我是多么愿意陪伴你,也特别感谢你信任我和接纳我。有这份陪伴,你会更有力量远离悲伤。

像你说的,当天深夜,我才回到家。

另一个故事,帮助自我封闭的孩子是怎么回事?

那个孩子的内心受到创伤,封闭自己不说话,父母急坏了。我就觉得这一定要救回来,而我一和他通上电话就更清楚了,他的话确实很少,往往是用单一的字词回答你,有些人觉得他的回答有些冷,但我不这样认为啊!比如你跟他讲,你是不是很生气啊?他说"嗯",那不也等于他说了"我很生气"四个字,只不过他没讲出那么多字。

我问他,那你要不要跟我讲,他说"不要"。我说:"好,那就不要说这些,我们换别的说。"我不放弃啊,我热情如火嘛,不管你觉得怎样,不管你有没有反应,我就做我的。我真心地想要陪伴他,他会知道我是真心的。真的假不了,假的真不了。

我跟他讲,爸爸妈妈知道你很用功、很努力在学习。他们很骄傲呢,我知道他们的爸爸妈妈只是说不出口。

而他,开始只是觉得我很有意思,很好玩,他并不知道我为什么总是打电话给他。后来,当他觉得我是真的关心他时,也渐渐有了交集。他只是情感的回馈比较慢,你就不能只是和他交谈一两次,你要不时地去关心他。那时,我一个月会打两次越洋电话给他，而且有意思的是，他说在他需要我的时候，电话就到了。我自己也不晓得，我怎么会有这样子的能力。

他一点一点好起来了，和家人也有了交流。有一次过母亲节，他还给我发了感人的祝福短信，里面说："慧妈妈，我爱你……"

这让我沉浸在幸福里好久，我好感谢他给我的爱。

濒死之后，在陪伴他人方面，朋友说我是从"鸡婆型"到"鸡太婆型"，更上一层楼了。说实话，我是有一种"怕来不及"的紧迫感，像救火队员一样，总希望自己能够多帮助——噢，不对，是多陪伴一些人。说到底，我们不是帮助弱势，而是像陪伴家人一样陪伴他们。

经历过死而后生，就知道生命是何其短暂。人与人之间如果要做什么事情，请赶快抓紧时间，抓紧机会！

采访感言：

小慧总是说："我只是一个陪伴他人的人。"

其实，陪伴是世上最大的学问。温暖，从来都不是容易传递的，它需要敏感、耐心、技巧以及所有这一切的持续，最重要的，是"陪伴的意志"，一如小慧所说："你不响应，我也陪伴你。"

这一"意志"让对方知道：痛苦不是你的宿命，陪伴是我的使命。

第七章

我们是为了一群人来到这个世界

在北京一家装修得很有风格的饭店里,我们三个人一会儿坐在窗前,一会儿跑进阁楼,一会儿挪到贵妃榻上,摆着各种POSE兴奋拍照,像三个20多岁的年轻人。其实,小慧阿姨的兴奋里有一部分是配合我们,还有一部分来自她的童心。比如,她拿起一颗翠绿的苹果,用跟婴儿说话的口吻赞美它:"真的好美……"

在拍照前,她会擦些东西,其实她平时擦的东西很简单,有时洗完脸就随便抹点乳液(她说是因为天生丽质嘛!)当然,口红还是要擦的,瞬间就光彩照人了。看着她认真地涂口红,双唇一抿,最后灿然一笑的那一刻,再想起她帮助过的那么多人,你真的会打从心里想:我们真的很爱很爱她……

说说你的公益演讲以及其它公益活动吧！你的管家说，有一次你做完公益活动回来，累得连浴缸都爬不出来。

……不知道是什么活动，忘记了。只记得回来，洗澡，然后就跨不出来了，坐在那里很久，抱着浴巾在浴缸里小睡了一会儿，冷了就醒了，最后才爬出来。

另一次呢？发烧40度，仍然去主持中山大学的公益活动。你可以打个电话说，今天发烧，不能去了。

不可以，已经答应了就一定要做，到了那里就可以撑得住。

周大观的爸爸周进华说："小慧阿姨是需要群众的，只要在群众之中，她就能精神焕发。"

对，人来疯。

另一次更严重。听说你刚做完手术，还坚持去海外演讲？

那是东南亚的公益演讲，他们早就做了海报。周日早上飞过去，晚上演讲。从飞机上下来，我是坐着轮椅出来的，因为已经不太能走路。

你坐轮椅下飞机，活动主办方有没有吓一跳？

他们当然吓一跳，而且说我的脸是惨白的。到了晚上我坚持要讲，而且我坚持站着演讲，这也是对听众的尊重。我站在那里的时候一滴血都没有流，根本没有感觉到自己的痛，有如神助。回到饭店就不支倒地了。

你帮助弱势人群时，很有自己的特点。周爸爸说，你曾经表示，要给这些弱势的人尊严，要帮他们出书、办画展、办音乐会。不要同情他们，而是尊重他们。他还举了一对兄弟的例子，那是怎么回事？

他们也是肌无力，但他们画画很好。我得知他们的状况后，就开车去探望。他们用嘴巴含着笔画画，画得那么认真，我很感动。最后，我们在佛光缘美术馆帮他们办了画展。

画展期间，我请来许多朋友，这样这两个孩子就会知道他们的画是让人真心喜欢，大家是真心收藏他们的画，他们就能很骄傲，很有尊严。

你经常买弱势者的画？

对。

从来不买真正值钱的画？

他们就很值钱，他们背后的力量是无价的。

对于孩子的悲伤痛苦，你有很强的劝慰能力。请举一些例子和我们说说。

如果孩子失去至亲，你可以说，你长得这么像爸爸、这么像妈妈，他就在你身上啊。另外，可以举行某种仪式，比如，孩子很想念死去的爷爷奶奶，你就可以告诉孩子："来，我们来写封信给爷爷奶奶，我们一起来做这件事情。"

他们真的会写，写了以后就帮他"寄"出去，一起去爷爷奶奶坟前，烧给对方。

如果他的小狗小猫死去了，就稍微麻烦一些。你就不能说小狗在你身上留下什么，是你生命的延续，对不对？那么怎么办呢？

就像我曾经被邀请去一个幼稚园，做什么呢？11个小朋友养了一只小白兔，有一天，小白兔死去了，小朋友们哭得死去活来。小白兔是他们的全部，那时妈妈爸爸都不是最重要的，呵呵。

于是我们就决定，好好埋葬这只小白兔，用这个方式消除小朋友的悲伤。我们找到一个小墓园，然后小朋友开始设计那个盒子（棺木），每一个小朋友还给小白兔"寄语"，不会写字的就画图。

我还告诉他们，如果他们想带东西给小白兔，第二天可以带过来。结果一个小朋友带来巧克力，要请那个小白兔在路上好好享用……好吧，我就把巧克力放在兔子尸体旁边……

准备妥当后，我们开车带着小朋友去墓园。墓园当然不会让你埋小白兔，之前先和管理人员说好只是暂时埋下，明天种花时就可以挪出来，墓园方面也愿意为这些孩子做些事。

最后，大家把小白兔埋了进去，然后一起唱歌，快快乐乐地

送小白兔走了，大家也都安心回家了。

后来再回去，这些孩子就会说："小白兔做天使去了，是我们亲自送去的。"

他们的悲伤也就化解了。

你还曾经帮助过一个自杀的小孩，可否描述一下是怎么回事？

在加拿大的时候，一个9岁的小孩自杀未遂，我去医院看他。那个小男孩一直哭，说姐姐不要他了，爸爸妈妈不要他了，我很不好受。其实，他姐姐只是在圣诞夜参加舞会去跳舞了。姐姐也小嘛，才16岁，弟弟就觉得难过，居然开煤气想自杀，好在只是轻微中毒……

我去看他时，他只是一直哭，姐姐也不敢讲话。我说不要哭了。他就说，妈妈不要他。我说不是，妈妈跟爸爸在台湾很忙，要上班啊。那天因为是圣诞夜，姐姐去跟朋友唱歌跳舞，一会儿就会回来嘛，不是不要你。

因为我之前认识这个孩子，我就问他，你为什么没打电话给我啊？他说忘记我的号码了。我说，那你不记得我的电话号码，不记得打给我，你还生气……听到这话，他就笑了。我说，是你自己忘记的对不对？他说，嗯。

我说，那你还要这样吓人，不可以吓大家。大家都爱你啊，大人有很多事情要忙，姐姐要出去的时候，你有没有央求她不要出去？你没有说，对吧？姐姐就想，你这么大了，自己会照顾自己啊。姐姐忘了你才9岁，不能自己一个人在家，姐姐下次绝对不会这样了！

劝他的时候，让他觉得他自己也有错，他就开始不好意思了嘛。

我说，下一次，如果姐姐要出去的时候，你就来我家玩，你可以来找哥哥玩，好吗？

他说好。这个问题就可以解决了，我就是这样劝的……

对于做公益之事，你有使命感吗？

我很感谢自己曾经历过的痛苦，如果没有经历病苦，我不晓得癌症的治疗过程是这么的难熬。现在我陪伴他人时，大家很信任我，是因为我经历过，也才能赢得大家的信任。这时我就会觉得：自己不是为自己来到世界的，应该活得更有魄力一点！

只要想到"自己是为了一群人来到世界的"时，使命感便涌现了。

说到底，对公益的热情，不是因为"我们的热情有多高"，而是因为"我们多么感谢有这个公益的机会"。自己这么幸福，有手有脚有头脑，可以跑上跑下的，当然应该多做一些。就像我亲爱的生命勇士杨玉欣讲的："让有脚的人帮没脚的人多走一些路，让会唱歌的人帮不会唱歌的人多唱几首歌。"说得多贴切啊！

记得小时候外婆常对我说，人来到世间要"福慧双修"，怕你忘记，所以给你取个有"慧"的名字。

后来年龄渐长，也是懵懵懂懂，只知道"诸恶莫作，众善奉行"，循规蹈矩准错不了。直到有机会在不同的慈善团体做义工，学习每天都要满口的好话、满手的好事、满面的微笑、满心的欢喜，也就更明白星云大师对"福慧双修"所下的定义——

能付出爱心的人是修福。

能放下烦恼的人是修慧。

你曾经对我说："我不是在赞助你，是你在帮助我做这个事情，所以我要感谢你。"这是怎样的想法？

这其实很像瑜伽的一个古老修行法，简单地说就是："我就是他。"

你义务指导这些孩子创作励志书籍，我办不到。但是"我就是他"，他就是你，你就是我。你有公益心，我也有公益心；你在做，就是帮我做了，我们共同完成这个事情，我当然要感谢你。

这就像——你看跳芭蕾舞的人，他一转都能转32圈，那你就可以想，我就是他啊，他帮我跳好了，真棒！不要想：他有什么了不起，我只是没有时间去跳芭蕾舞呀，或者我从小就是命苦，没有条件去学习。

当实践"我就是他"之后，就到达了"共存"的境界，可以共创、共享一个美好的心境界。

也许有人会说，你一直在爱别人，对自己却没有那么关爱。你怎样解释"爱自己"？

净化的真爱，真诚的助人，强烈的求知，在这三种基础上活着的人才是真正爱自己的。真正爱自己的人也会做到这三点。

特别强调一下求知，你不能把自己死锁，你一定要不停地接受新讯息，了解新的世界、新的知识、新的动向潮流，才知道该怎么去帮助、陪伴他人。

净化的真爱是指？

无条件的爱，就是净化的真爱。爱不是"我爱你，你就一定要爱我；我爱你，你不爱我我就死给你看"。真爱是懂得设身处地，是感同身受地为对方着想。

"有条件的爱"在他人看来是一种正常的爱，无条件的爱似乎很难达到。你是如何达到这个境界的？

我很幸运，有一个非常贴心、一直在服务他人的外婆。她总是把钱借给需要的人，如果她只有100块钱，她会去跟隔壁借10块钱，然后加起来无条件给人家。

如果有出家人上门，外婆就会赶快让我们泡牛奶给他喝。纵使她只剩最后一杯牛奶，也会贡献出来，她是那么地恭敬，给我的印象很深。

也许就是这样的耳濡目染影响我。如果我穿了一件新衣服，朋友说喜欢，我就脱下来，换朋友的旧衣服，开开心心地穿回家。我姑姑就说："如果小慧的皮可以换，她也会剥下来。"这是个性使然吧！

在关爱他人方面,有没有什么话是你特别想与人分享的?

对了,有一段很美的话想和你们分享。当我看到这句话时,立刻觉得:"哎呦,天哪,要怎样的悲悯的心,才会想得出这样的一段话。"这段话是这样说的:

"每一个人,都会遇到自己生命的冬天。可是春天一样会来,那么我们要想想看,当我们要走了,我们是不是做了些什么,让花园准备好,去帮助另外一个人迎接生命的春天。

当我们遭遇困境的时候,乃至于当我们可能离开这个世界时,我们仍然可以问自己:是不是准备好了,是不是已经做了什么,能够帮助下一个人,在人间的花园里过得灿烂,在花园里享尽春天的美好……"

再有就是《死亡九分钟》的作者李齐医师的一句名言:"我们来到世间,就是为了学会彼此相爱的功夫。"

如果学会了,会怎么样?学不会的话,又怎么样?

学会的话,就像我们现在这样——在这么和谐的爱里面,我们非常开心;学不会的话,就会嫉妒啊、怨恨啊、内心不平啊,就会不和谐了。其实,内心和谐之后,随时随地都会感到幸福。

采访感言:

对小慧来说,慈悲是一种情怀,更是一种生活方式。

因此,慈悲不是遇到弱势之人才出现。在平时,看到朋友、路人、小动物、一朵花，甚至于看到床头的小瓷猪，这种慈悲心都会被激发，它就像世上沸点最低的东西，随时沸腾于心。

有人会问，这样的生活，会不会很累？会不会被无尽的责任所累？当然不会，因为慈悲衍生欢乐，一如小慧的欢乐无处不在，这就像一个守财奴他会因为不停数钱而感到累吗？

甚至于，在她疲惫的时候，只要慈悲心浮现，疲惫反倒会渐渐淡去。慈悲是一种能量，它让内心柔软起来，仿佛将心灵放在世上最柔软的床上，不知不觉已在休息放松。这种感觉，让慈悲之人总能觉得精力充沛，即便身患重病。

这个世界上，只有少数人体会过如此奇妙的感觉：慈悲心对应着另一个躯体，那个躯体不是大家看到的自己，是最柔软的物质构成的最刚硬的躯体。

第八章

善行"前传"

在吃饭这件事上,小慧阿姨真的可以说是"不食人间烟火"。

她似乎一天只吃一顿饭,除非必要,你才能看得到她"饕餮"一下,据说这和她的童年经历有些关系。而点菜时,她也只挑别人爱吃的点,只要你和她一起吃过一顿饭,她就会记得你喜欢吃什么。所以,作为响应,下次和她一起进餐要记住:她喜欢吃三明治,从来不吃鱼……

知道了你的种种善行,越发好奇一点:你是怎么成为这样一个人的?除了经历濒临死亡,肯定还有别的原因。在大量采访后我们发现,从小你其实就是一个很有爱心的人。接下来,我们会说一些关键词提示你,再请你讲一下详细的故事。比如,"老太太香蕉"。

你们从哪里得知这件事?说实话,你们不说,我还真的忘记了……

小学四五年级的时候,在补习班老师家的斜对面,有个卖香蕉的老太太,她住在一个破烂的房子里。每次经过,我只要看到她在那里卖烂香蕉,就觉得她好可怜。我把我所有的——那时候好像有五块钱还是四块钱——吃饭钱,全部给她,然后拿走她一根烂香蕉。一个礼拜我会给她三次钱。

那老太太很老,到现在我还记得她的样子,她不太能动,腰也是弯的……过了一个学期,我再过去时,他们就说她走了,去世了。那样的老太太,我真的很舍不得。

等于说你的晚餐就是烂香蕉?

有时候直接给她钱就走了。不过,你没有买香蕉她会很难过,她觉得自己是在卖香蕉,不是在接受施舍。但是,她的香蕉黑黑的不新鲜,不会有人买的。

香蕉有好几次都不能吃了,我买了香蕉走到补习班楼下,就扔到垃圾桶里。可是我很开心啊,看到她时,我就会很高兴,我就觉得她还是好好的……

不吃晚饭,你怎么办呢?

无所谓啊,我一点都不觉得饿,晚上回到家也没有吃,也不会饿,就是很开心。我现在还记得当时开心的样子……当然,我也不是每天都看得到她,有时候她会去捡破烂。所以,钱若是给她了,我就会想,那老太太今晚有东西吃了,至少她今天不会饿到。

你从小在阿姨家长大,经常饿着肚子省下"午餐钱",给亲生父母亲买好吃的,是这样吗?

因为亲生父母的家里很穷嘛,而妈妈很爱吃米粉,没有那么多的钱去买。孩子还那么多,我的弟弟妹妹的年纪也很小。我时常不吃午饭,只为了省钱买米粉给他们吃。

那时就练就了不怕饿的本事?

对,真的就是。我好像很小就把饥饿置之度外了。

我们作个假设:现在,如果你是旁观者,知道有个小女孩儿做了以上的事,你会不会觉得她跟其他小孩儿有点不一样?

嗯,是有点不一样哦!

对了,我小时候的台湾很少有大鱼大肉可吃。我的姨父是医生,很忙,有的时候没有空去喝喜酒,而喜酒上有鸡腿吃。我一定会把那些肉打包回来给他们吃。别人说你就自己吃啊,我只说不饿。因为我小嘛,又很可爱,他们把鸡腿给我,我就用塑料袋包好,用衣服盖住,大家就睁一眼闭一眼。我很坏,老早从家里带塑料袋去装,根本是预谋好的。

我从小就不介意吃得好不好、饱不饱。而且我觉得把好东西让给人吃很正常。

在学校的时候，你也帮助了许多同学，比如，送受伤的人回家。

那是初中的事情。有一天，一个同学骑自行车撞到了一个小男生，她很紧张很害怕，我很舍不得她，我就自告奋勇地帮她把小男生送回家。

小男生的家住在乡下，我让受伤的小孩儿坐在我车子上，我推着他慢慢走。他是很重啊，骑不动嘛，只能推着走。我记得推了他很久很久，两边都是稻田，还是冬天，确实很冷。

把他送到家，再把我同学送回家，天色早就黑了。我的妈妈都快担心死了，看到我后，就在门口骂我，说我干嘛那么鸡婆，跑去哪里了？我才讲了这个事情，她不相信我的说词，还打了我。做了好事还挨打，哈哈。

到了高中的时候，我经常会帮同学写周记，那是帮人家做坏事，本不应该讲的是不是？有的住校同学星期天回家玩过头，忘记星期一返校要交周记，就直接交给我，我就帮他们写。

有的时候，天黑了，有点冷，他们需要回学校寝室拿外套，但我们的学校在坟墓边，他们怕黑，我就帮他们去拿外套。

他们也很有意思，鼓动我参选学生会的代表，还替我发布施政纲领，热情洋溢地帮我发表"政见"。我什么也没有做，就当上什么代表了。

别人说我最大的致命伤就是不会说"No",可是我真的觉得,你不要拒绝人家嘛,当你有这能力的时候,为什么要拒绝人家呢?

关于布谷鸟学校的事情,可否讲一讲?

那个时候有很多儿童文学家找我,他们想帮没有钱补习的孩子补作文,我觉得他们真是有理想。我不收房租,把自己家的房子交给他们当教室,成立布谷鸟语文中心。那个房子其实是婆婆的,我只是负责"看管",但我婆婆不去,她年纪大了,搞不清楚自己的房子哪一间给谁用了。我给儿童文学家用了好几年。

另外,我也出些钱,发薪水给老师。所以,现在好多位儿童文学家跟我都有些交情,一起奋斗过啊!

你提供免费的地方,还出钱发薪水,穷孩子来也不收费用,你这边还得躲着你的婆婆?

对。

有一次,儿童文学会开会,当时我病得很重,他们谁也没想到我会去。我就悄悄地坐在后面,却听见一个女生说:"林老师,我的英文就是在布谷鸟学的,我多感谢,你知道吗?"然后,林老师讲:"不要这样讲,如果没有翠姐,就不可能有布谷鸟。"

他们不晓得我来了,我就坐在后面啊。那时候,听到这话,我真的好感动……

纸尿裤的事情呢？

噢，因为婆婆很节省，不会给我零用钱。我就写些稿子，挣稿费，那就是我的零用钱了。不过，我还是愿意拿出来买纸尿裤给妹妹家的孩子。有意思的是，我自己的孩子还不能买纸尿裤呢，因为婆婆觉得纸尿裤太浪费了，败家的人才用，我就只有洗尿布了！

你自己洗尿布，然后把钱给妹妹的孩子买纸尿裤？

对。直到孩子不需要了。

你没想过自己留一点吗？

我不会这样想。我不晓得为什么就那样做了。就像许多朋友讲的："小慧有，大家就有。"

做了这么多的好事，有没有特别有意思的事情发生？

有一天，我看到一个老太太背着孙子乞讨，我好心痛，就把我身上大部分的钱给他，大概几千块，剩下的钱我准备去买面包，然后坐车回家。没想到我的皮夹竟然在面包店被偷了，老太太跑进来说，她看到偷我钱包的年轻人跑掉了，然后她还拿钱给我坐车回家，就是从我刚给她的钱里拿还给我。是不是很有意思的"现世报"？

还有一次在温哥华，上幼稚园的女儿有个爱哭的同学，他说他很想在香港的妈妈。我就常陪他们两个人一起玩，中午的时候也送午餐给小男孩吃。偶尔我会碰到他妈妈，他的妈妈在香港，不常回温哥华。

小男孩有一次哭得很厉害，老师非常生气，骂了他。看到这个情景，我觉得小男孩很可怜，就安慰他，带他吃饭，带他到我家玩，然后送他回家……这个小男孩就和我很有感情，一直叫我"阿姨"。

有一天，我去看一所房子，很喜欢。在房子的外面碰到小男孩的妈妈开车经过，她停下来，和我打招呼："嗨！索菲，你在看这个房子，是想买吗？"

我说："对。"

她说："你喜欢吗？"

我说："我好喜欢这个房子啊。"

她说："OK，那你慢慢看好了，我要先走了。"

后来我真的买了这个房子。签约时，经纪人问我："索菲，你认识房主吗？"

我说："不认识啊。"

他说，房主问，买房的人是不是一个长头发绑辫子的女人，是不是学校的校长，叫索菲？如果是，她开多少钱就依她的价格卖她了。

后来才知道，她就是那个小男孩的妈妈。

我花了49万加币买下这个房子，别人开到60万，却卖给我了。那个开到60万的买家说："怎么可能，我开了60万，她为什么卖给49万那一个？"

想一想，这恐怕是我做了好事占便宜的稀有事情了。是不是很有趣？

采访感言：

有一种人，从恶转念为善，因为濒死。这其中有某种宗教感的敬畏。

有一种人，从小善到大爱，因为濒死。这其中有对生命能量的无限欢喜，小慧自然是后者。

其实，老天对她是何等垂爱，让她从小就在善行之中，再经过濒死，得以拥抱大爱，仿佛一个完美的计划。而这一计划的"玄机"在于：以往的善行不再只是简单的经历，其不知不觉已经成为生命核心。

每个小事都不是小事，都是她一生最大的事，最终成就她的圆满生命。

欢喜 无所不在

倾听赵翠慧生命感悟

第九章

活着不是奖赏，生病不是处罚

电话里的小慧阿姨，总是那么精神饱满——你永远不会想到她是一个病人——她的声音里满是喜悦，还有点调皮，每个字的发音都是上扬的，加上特有的绵软腔调，让人觉得她就在跟前，笑盈盈地望着你讲话。

除非是被病痛折磨到一定程度，否则她天天都是美滋滋的，说得俗气点，就像一个人每天都占了一个大便宜。

她常说："只要忘记自己是病人，就不是个病人。"事实上，她从1989年生病至今，四次大手术，两次濒死，许多年咳嗽不止。到了晚上，咳到整盒面纸都用光。一直咳一直吐，整晚不能入睡。即使白天想打盹，也会被难以抑制的咳嗽"咳醒"……

说一说折磨你这么多年的疾病吧？

1989年卵巢切除手术时,经历了第一次濒死。

1993年,查出来是肺腺癌,医生说没有办法开刀,也没有什么药。后来,也没什么力气和胃口吃东西,人好瘦,连短短的一段路都没有力气走。医生很担心我。我说,不要担心,我一定会活得好好的。有意思吧,我竟然在安慰医生。

那时候就开始准备后事了,但我准备了很久都死不了。我也吃中药,那个中药和泥巴一样,极其难吃,一天吃168颗。168,多好的数字啊。

那时才知道什么叫气若游丝,常常没办法起来,整个人瘫在那里……那几年几乎不治身亡,经历两次濒死,好在都活过来了。

前一段日子,又有了生命危险,细菌感染导致发高烧。白血球只剩下不到1000,血小板只剩下四万,正常人应该是二十万。我的肝指数直飙五六百,正常人是几十以内,他们说我是急性肝炎,把能写的症状都写上去了。那时的我,连笔都拿不住了,字自然也不能写了。

但是,你知道吗?虽然这么多年一直在生病,其实我还是很幸福的,身边的人都对我那么好……

像玉美就很可爱,天气一变,她的简讯就来了:"大姐,变天了,请保重,你要为我们保重,天凉,穿衣服。" 如果我不回电,她就干脆留言在我的语音信箱里:"你又跑去哪里了?我们找不到你,速回电。"

璧玉姐,她经常让她的司机送熬好的补品给我;阿昭姐,开车带我去看名医,她的媳妇为我挂号拿药。还有许多其他的朋友为我费心。你说我能不幸福吗？

有一段时间，我一天要吃四碗药。一天中午，儿子回来了，问我："妈妈，你今天中午的药吃了吗？"我回答吃了。

他问："那怎么还有三碗啊？"

当场就被抓到了。但那个药实在是难吃啊，我很不高兴地说："药很难吃，不相信，你去吃吃看。"

儿子就在床边坐下来，慢慢地说："不要气！不要气！没有吃就没有吃，没有关系。如果我吃了，你的病会好，我就帮你吃。可是没有用啊。"

看他眼眶红红的站起来，还说了句从电视剧里学到的话："你不乖乖吃药，算什么英雄好汉。"

当时，他才14岁啊，真的很懂事。当时的我很感动，他这么爱我，这么支持我，那我也应该给他们"支持"，于是乖乖吃了药……

我还记得，有一次，我和女儿去逛街，买了两件毛衣，一共花了四万多新台币，够贵的了。刚进家门，女儿就朝着楼上的哥哥喊："你快点下来看，妈妈去买了新毛衣，真是好漂亮！"

儿子跑下来说："真的吗？"

女儿说："花了42000块啊。"

我立刻就想：完了，接下来，一定要说我了，这么贵还买呀。我就准备好要回嘴的台词，怎样？钱是我的，干你什么事？

但是，儿子看到我后，突然抱起我绕了一圈说："好啊，妈妈，你穿给我看。"

我穿上后，他说："老妈，真的很漂亮哦。妈妈，你是不是觉得身体好多了，舒服多了？"

我还没来得及说话，他又说："你肯定觉得身体好些了，不然，你不会去买这么贵的衣服，真的好棒啊，你再去买好不好？"

那一刻，我完全呆在我贴心懂事的儿女的爱里，久久吐不出一句话来……

还记得前一段时间发高烧，两个孩子通宵达旦地守在床边，我半夜下床吐得满地都是，女儿帮我洗澡、洗头。洗好以后，儿子再把我半扶半抱地放到床上。之前，他已经把地上擦干净，把床单换干净了。你可知道，我心中有多感谢这对宝贝孩子吗？

你一直在"感谢"孩子，可能在许多人看来，这是孩子应该做的事情，没有必要去感谢。

不，我非常感谢我的孩子。任何人，不管他是你的爸爸妈妈、还是你的孩子，为你做了事情，你都要心怀感谢，都要感恩。即使是最亲的人，他也没有"应该"要为我们做任何事的啊……

当身体很不舒服的时候，你在想什么？怎么应对？

说实话，我真的不会怨叹。咳到没有办法睡觉，一直咳一直吐，确实是很痛苦，但也不觉得苦。如果你认为它苦，那才是很痛苦的一件事。

如果特别难受，我就会喝点水，让心慢慢稳定下来。那个时候，尤其不要在心上"火上加油"，不要说我怎么那么命苦？我咳嗽都没有人来管我？全世界都死掉了吗？都睡死了吗？都跑去哪里了没人理我……这样想那才真痛苦。

有一天，我的宝贝女儿小如放假回来，一听到我咳，就从楼上冲下来为我倒水，整晚不知下楼几次，反而让我很心疼。所以她在家时我常常盖着被子咳，赶快自己去倒水，同时又觉得很幸福，有一个女儿这样宝贝我。

最近一段时间，腰也常常很痛，晚上睡不好，很多时候会痛醒，几乎每天都睡不好，痛到腰都不晓得该摆到哪里去……

那时，我会想到和我一样腰痛的人，我真的很希望，我能把所有的不舒服带走。

我有个观念：人世间，每个人遭遇的东西是分配好的，有多少福气、多少财富、多少痛苦、多少压力……等等，每个人的所有东西加起来都是100分；只有一些特别的痛苦和压力，上天看谁能承受，能承受的就交给他。

就像我姐姐家有一个自闭儿，我姐姐能承受，所以承受了。他们全家都爱这个孩子，上天所托是人，不是所托非人。这样的孩子，如果我家分到一个，就好好把他当成礼物，好好地照顾他。我得到他，是因为我有资格照顾他。

同样的道理，若你得了很严重的病，是因为你就像优等生，有能力承受它，那你就要承担。于是，当我很痛时，我觉得是在"帮"很多跟我一样痛的人，把它"痛完了"，别人就不用痛了。

再者，我总觉得，对于病痛，你要呵护它，就如同呵护你的亲人。它原来就是你身体的一部分，你没有必要跟它对抗啊。我的名言就是：健康地生病，可以病得很健康，病得容光焕发，病得活蹦乱跳。

其实，无非就是一个念头的转化：要对待它，不要对峙它，更不要对付它，就当它是一个不知道怎么办的孩子。它本来就不晓得它要去哪里嘛，有时候它到你的腰、有时候到你的膝盖、有时候到你的肩膀，而你就动一动，对它好一点，它慢慢就没有那么猖狂了。如果它真的很猖狂、很恐怖，那你就去找医生，去看看应该怎么做。这样想下来，就不必对它发脾气或者动怒了。

就像昨天晚上，我的腰仍然很痛，只好调整了一下睡姿，仍旧很不舒服。我就观察我住的饭店，想着上午见到的饭店管理者，那位热情美丽的女士花了那么多心血在饭店里，就觉得这个人真的很让人佩服，就很替她高兴。想到了这么多好的事情，我就睡着了……

后来又痛醒了就想看点书，可是我是个越看书越有精神的人。我看杂志，看到一只很有灵性的狗的故事，那个图画画得好可爱啊。很少有人能把小狗画得那么有灵气，色彩真美丽，我就觉得好棒，作者怎么会用这样的画法，看上去好幸福……内心很温馨，然后再关灯，再睡。

慢慢又睡了差不多一个小时，还是醒来了，虽然很折腾，但

我不以为苦哦。

你做的以及想的事情有一个共同点：都能带来温暖。
对。

在这种感受之下，痛苦就被中和、平衡了。
对。

如何消除因为病痛引发的对他人的怨气？

当病痛发作的时候，不要自怜自伤，要有"惭愧之心"以及"感恩之心"。

生病时，病人会病到又跋扈又霸道，出现奇怪的性格。这时候一定要收敛，一定要有惭愧的心。可以想：我生病了，真的很惭愧。如果没有生病，我可以做一个好妈妈、好太太，但是我都没有，我真的很惭愧。

当然，并非是要惭愧到把自己贬到边疆去。这之后要有下一步：感谢和感恩。感谢那些在你身边帮助你的人，包括你的至亲，试想，如果你连子女做的小事都感谢，内心自然会非常平和。

另外，你一定要有个依靠，就不会觉得自己在漂浮，得把精神及精力依靠在某个地方。

像我就是依靠信仰的力量，以及亲友的支持，还有就是——愿力，可以在心中发愿。比如：当我好了以后，我要怎么样去帮助别人。愿力往往是不可思议的。

你是否会像某些人一样，认为"生重病是缘于某种'报应'"？

当然不会！我倒是觉得，病痛之所以发生，是为了成就你而来的。我常讲，每一件事情的发生都是有意义的，它都是为了"好"而发生的。怎么解释呢？比如，就是因为自己也痛过，让我在关怀别人时，别人不说，我也了解对方心中所承受的痛有多痛。

再比如，你的学生——肌无力姐妹春曼、心曼，她们病得那么重，可是她们从不抱怨，她们就是最特别的生命超级博士班的学生。在那样的病痛中还乐于助人，还愿意去接热线电话安慰别人，多了不起啊！

一个重病或者重残的人来到人间，不是来受罪、也不是被诅咒，他的身上带着伟大的计划：奉献自己，成就他人。

还有一句话也很重要：

活着不是奖赏，生病也不是处罚。

采访感言：

自己痛，想到他人之痛，愿意代人受痛，自己不再痛。

这是怎样的一个逻辑？小慧的想法简直是菩萨心。对此，有人完全无法理解。其实，这就像孩子病了，母亲愿意替他受痛一样，只不过，母亲想替的是子女，而小慧想替的是天下人。

第十章

与亲人讨论及面对死亡

在小慧阿姨的书房里,有占据整整一面墙的书架,架上满满堆着她的藏书。她的书都很有特色,放眼望去都是"生、死、灵、命、爱……"这些与生命的终极有关的字眼。曾有个记者让她站在书架前拍照,还没拍照就惊呼:"哎哟!怎么都是死啊死的……"

她爱极了那些书,那些书里真的有她的"生死"答案。

你得了癌症之后,如何和孩子说明你的病情?

你不要以为孩子不懂。关于病情,我都老实跟孩子讲,女儿12岁的时候,我就开始生病。那时,儿子14岁,我们就决定一起面对了……

得病了,一定要和孩子说。我有一个朋友得了肝癌,发现时医生说寿命只剩下3个月,而且治疗效果不好。我问他最舍不得的是什么，他说，是9岁的女儿，以后没法照顾她了。而且，要怎么和她讲呢？

我说，试着和她讲讲看，不要瞒着她。

第二天，他就跟女儿说了实情。一讲完，他就打电话给我说，真是太开心了。

原来，吃饭时他对女儿解释，自己生病了，过去的3个月一直在做治疗。他的女儿听了之后，第一句话竟是："那你很快就会死掉吗？"

父亲："不会的，现在还在治疗。"

女儿："啊，那你这3个月都是在医院呀？"

父亲："对呀！"

女儿："原来如此！其实我真的好伤心，这3个月，你不来学校接我，又不带我去跳舞和学钢琴，我以为你不爱我了呢，原来你只是生病了。"还安慰他："如果爸爸不会立刻死掉，那担心什么呢？爸爸就好好治病吧。"

他让女儿安心了，更重要的是，他从女儿那里得到无比的力量，有了勇气继续治疗，病情日渐好转，度过了危险。

所以，在最舍不得的地方找到力量，这一点非常重要。

那你病重的时候最舍不得的是……

我最舍不得的就是妈妈。我妈妈知道我一直咳，带我去照肺部X光，却照到三个黑点，妈妈说："没关系，你就当它们是三颗钻石嘛！"

多么有智慧的一句话啊。

后来，当我病情加重时，她一步一跪地上山去为我求长生命符。要知道，她的膝关节有毛病，却为了我跪了1000多个阶梯。当她带着长生命符来医院给我时，打开包包掏了好久都找不到，原来她一直在哭，视力已模糊到看不见长生命符在哪里了。

想到这里，至今心都揪在一起地痛！

我很爱她，也告诉她："如果我走了，最不放心的就是你！谁来照顾你呢？"

有智慧的她说了一句话："你好奇怪哦，你有我的观世音菩萨厉害吗？"

我说："那倒没有。"

她说："所以啊！观世音菩萨会保佑我、照顾我啊，你就好好生病，好好吃药。不用担心我啊。"

就是她的话，让我觉得力量来了！她是我最担心的人，而我，就在最担心的地方找到了力量。

所以，我就经常和别人说，你要在最脆弱的地方找到力量，然后在最放心不下的地方把它处理掉，力量就来了。

那你怎么对孩子解释"病危"呢？

那天，我和两个孩子在吃晚餐，我对他们说，"如果妈妈死了，爸爸若要另外娶太太的话，你们不要啰啰嗦嗦。"

女儿说："谁说我会啰嗦？我才不会呢！"然后又说："妈妈，你死了之后，会在那个地方等我吗？"

我说:"会的。"

她说:"那我和哥哥死后去找你,3个人就永远不分开了,是吗?"

我说:"对。"

"你是真的答应我吗?"她问。

"是的,我答应你。"

当然,一开始病重的时候,孩子也会有一些"想法"。比如,有一次我送女儿去看牙齿,她就说:"妈妈,我有一个好朋友的妈妈生病了。"

我就问:"是谁?"

她说:"这个好朋友你不认识。"

我心想你全班一共才15个同学,哪一个是我不知道的?

我问:"她妈妈是什么病呢?"

女儿说:"就是一直咳嗽、一直咳嗽。"

我知道她在说我了。我问:"那她的爸爸是怎么样的人呢?"

女儿说:"她爸爸很好呀。"

"那她妈妈呢?"

"她妈妈就是一天到晚去帮忙人家的事情啊!"

"哦,这样子,那你的朋友很爱妈妈吗?"

"当然啊。"

"她妈妈病得很严重吗?"

"很严重呀,都快死掉了。"

"啊，这样子啊，那会不会是阿弥陀佛让她去另外的世界帮助其他人呢？"

"哦？我怎么没有想到呢？"

"你要和那个朋友说，如果你的妈妈走了，不要太难过，是阿弥陀佛让你的妈妈去帮别人做事了。"

女儿便似懂非懂地不再多问了。

怕不怕去世的时候亲人不在身边？

当然不会。比如我的女儿小如，我这么爱她，可是如果我突然病危，她在美国就来不及飞回来。如果我一直想"疼她也没有用，我死了她也不赶回来……"就不对了。换个想法则是："她好辛苦，那么远还要拚命飞回来……"所以我平时就对孩子讲："妈妈走的时候，如果你们不在身边，你要知道我有多爱你们，我一点都不介意看不到你们。"

知道爱你、想你就够了，为什么非得在眼睛闭上之前再讲一次？对方也必须再听一次？那就过分了。

有一本书《假如我死时，你不在我身旁》，其中有段话很经典：

"假如我死时，你不在我身旁，不代表你对我的爱少一分，也不代表我对你的爱少一分。最重要的是，每个人自己要准备好面对死亡。"

1999年，你病得非常重，你觉得真的要走了。那时你如何让自己平静接受？

我确实非常平静，我知道，我只是回到我来的地方。

在中华文化中，确实忌讳谈论死亡。有一年我回温哥华的学校演讲，教学主任问我谈什么主题，我说："超越生死。"

主任立刻说："大年初三啊，校长你真要谈超越生……跟'那个字'吗？"

我说："嘿，你连那个字都不敢讲，那个字叫'死'啦。"

"哎呦，不要讲了，不能讲那个字啦，不吉利呀。"

我就说："超越生死不能讲，就讲'重回人间'怎么样？"

"哦，这个好！"

其实有什么好不好，完全是文字游戏。

死亡并不可怕，当我濒临死亡时，我亲爱的星云大师就跟我讲："不要怕，小慧，不要怕！"

那一刻才发觉：面对死亡时，真的可以非常平静……这种平静正如大师所说，面对死亡的态度有如：

游子还乡的喜悦，
囚犯释放的自由，
落叶归根的自然，
空山圆月的明净。

如此，死亡，又有什么好怕的？

还有一点很重要，临终时，有的人会觉得有很多事情没处理，难免着急难过。其实你平时可以尝试把这些事情一件件写下来，一写起来，就会觉得好像也没有什么大不了的。再继续写写看，好像也没什么复杂的……痛苦的时候乱了方寸，总会把事情的难度扩大，一到白纸黑字上，它就清清楚楚告诉你：没有这么严重。

你对死亡的态度比一般人超脱。为什么呢?

仔细想来，这和我的外婆有关系。其实，我最早接触死亡也是由外婆开始。她常跟我说，人的肉体就是臭皮囊，并说这个臭皮囊没有用，只要换掉就好了。

在我十几岁时，外婆的身体非常不好，眼睛也不好，喉咙里长了一个瘤。她把嘴巴张开我都可以看到那个瘤。所以她一直吓我说，等它长到中间，就会堵在那里，外婆就会死去。

所以，从很小的时候，我就跟她演习面对死亡。

她躺在那里说："我现在不能呼吸，已经要死了。你要给我换衣服，我的衣服在哪里？"

我就说："在这里，在这里。"

她说："对，我要放的佛号录音带呢？"

我说："在这里，在这里。"

她说："对……"

先帮她放佛号助念，再帮她换衣服，把一堆要通知的人的名单放好。然后，我坐在那里，跟她说"再见"。

她每年都要排演，结果排演了20年，这个对我影响很大。现在想来，我其实很幸福，因为有这样睿智的外婆！

如果没有"死亡演习"呢？

临终者一定会很心慌，如果你没有先跟他告别，告诉他你有多爱他、他对你的爱有多重要，他当然会慌张、会失落，因为所有的突然间就断了。突然间，他就一无所有了……

女儿曾经说过："妈妈，如果你走了的话，我会非常非常非常难过，我会一直哭一直哭……"

因此，我自以为聪明地想录影送他们！这样，当他们大学毕业时，我可以在影像里恭喜他们；结婚时可以祝福他们；有小孩时，可以分享他们的喜悦……

没想到，儿子竟然说："老妈，你要我们伤心多久啊？"

我说："什么意思？"

他说："我们大学毕业要看一次你的录像带；结婚的时候要看一次；生小孩要看一次，那我们就要不停不停地看，不停不停地悲伤。"

我就说："唉，也对啊。"

他说："我觉得我们只要伤心一下子，我们爱你、永远把你放在心里，然后就好好去工作，面对人生，因为——我知道你爱我们。"

对呀，我们到底想要掌控亲人多久啊？我们的缘分到这里结束，那就结束吧。

在说过"我爱你们"，听过"我们也爱你"后，就可以放下了。

采访感言：

对小慧来说，死亡就是回家。一个人在家里是"放松"的，那么面对死亡时，自然也应该"放下"。

对她来说，天上人间已无分别，她到了另一个世界，也会继续如此行事，一如走进同一个精神家园，只不过从卧室走到客厅。如此，死又有何惧怕？

第十一章

人生境遇，再无得失之心

我们坐在餐厅里吃饭，小慧阿姨激动地说起先生来："他有多棒你知道吗？"她眼里闪着动人的光，"他真的好棒……"

她对许多亲友都盛赞先生，以至于"最近去参观他工作室的人太多了……他快吃不消了。"

说完，她调皮地一笑。

你一直说先生是非常好的人，在你重病期间也对你非常照顾。那么面对后来你们感情上的波折，你怎么处理？

某一天，先生表示无法和我一起生活，想搬出去一段时间。我就在想："怎么会发生这种事情？"开始是觉得奇怪，在书房里头一直坐到天亮："我该怎么办呢？儿子在加拿大，女儿刚到纽约念大学，家里只剩下我一个人了，我该怎么办呢？"

不过，我一直相信冥冥中的伟大力量会指点我，三更半夜在书房里，不经意从书架上取下一本《觉醒的力量》，随意翻开，立刻被一句话震慑住：

"伤痛，是一处黑暗，是一处没有被爱照到的地方。"

我顿时领悟了。

我这么悲伤，是因为这里没有爱。是因为我不够爱他，不够关心他。

我承认，我太忙了，繁忙于太多事务，真的忽略他了。是我自己付出的爱不够，我开始检讨自己。希望能够挽回。

经过10年的努力，很遗憾我们仍旧无法住在一起，但仍是很好的家人。孩子们非常依赖爸爸，爸爸也非常疼爱他们，还是很融洽！

在那段艰难的日子里，感谢有很多亲朋好友陪伴我，我也会有情绪的反复，大半夜跑到大姐家，和她谈感情的事情；或者经常在她上班时，就到她办公室的楼下要和她谈一谈。以至于她每次都得编理由请假，理由经常是："抱歉，我妈妈又来了，已经到楼下了。"

大姐和我最亲密，我常夸张地说，彼此每天要打8通以上的电话，我们无话不谈。比如我会和姐姐说，今天去演讲好成功、人家问我什么问题……等等；比如她打开电视看到某个节目觉得好好笑，也会立刻打电话要我看……我们两个就拿着电话，一边看节目一边笑。

她还在我上电视受访时，写了一封信给我。我事前并不知情。她在信中这样说——

"本来节目想邀请我来上节目,说是给你一个惊喜,但是我不习惯上电视,否则我一定会在录影时给你一个大大的拥抱,并且跟你说你是最棒的,我非常爱你!(怪不得她在我出门时赶过来抱我,抱得紧紧的)谢谢你,真的,你是最棒的,老姐以你为荣,我一定是前世烧的好香,才会有这么大的福报,能够做你的姐姐。虽然我们仅仅相差一岁,而且大部分的时间都是你在照顾我。看你一路走来,经过了那么多的风雨,始终坚强面对,我们都很舍不得,现在看你每天忙进忙出,活出自己的圆满自在,法喜充满,姐姐好替你高兴。那一天看到你在师大演讲,笑容那么甜美灿烂,真的好美丽、好耀眼!走笔至此,已经热泪盈眶,你一定要好好爱自己,照顾自己的身体,因为你好,就会有很多人因为你而活得更好,千言万语,我有情有义的好妹妹,姐姐非常爱你,祝福你。如果还有没说完的,我们每天再'热线你和我'。我会打第九次电话给你。"

看到这封信,我落泪了。

每个人,都需要一个安全的引爆口,需要一个很好的情绪共享者,需要一个生命共同体。

还有许多好朋友也陪着我。当一个人遇到不好的境遇时,你要珍惜身边的支持,不止是感谢,更要"珍惜"。不要说,她们原本就该支持我,或者说"感谢"之后就无所谓了,一定要"珍惜"。有了珍惜的情绪,你也会对自己更好。

所以,即便感情有变故,我也不会坐在那里伤心一整天,我会做我自己的事情。我会参加活动、去演讲。另外，我还有可爱的孩子，只要我和孩子能在夕阳下吃着晚餐，我就很快乐。

真的不会想太多吗？

我觉得人就是想得太多了。当下不要想太多，比如：为什么他要伤害我，为什么他要讲那些话……等等。我常和别人开玩笑说："如果当你知道对方是狐狸精的时候，你就把自己打扮成蜘蛛精。因为蜘蛛精有8只脚，狐狸精只有4只，马上就多一倍，那多强对不对？一定要打开你的心，给自己多方面的触角，你会有不同的看法，你会接到不同的讯息。你不把你的心打开，就像一个降落伞不打开来，无论谁帮你都没有用。"

像我姐姐对当时情绪不稳的我就会说："不要想那么多，你不是很爱收拾房子吗？那你把家里再收拾一下，就会高兴起来啊！"想想也对，就去收抽屉，越收越高兴，把抽屉收得整整齐齐的，我又快乐起来了。

自己要找到出口，这最重要。

另外，对我而言，打开心的好方法就是——阅读。我把自己放在疯狂的阅读里，每天都读书到很晚。本来我就爱读书，有时读到喜欢的，才读到一半就会连忙离开，因为，我怕一下子读完，就没有好书可读了。濒死之后，这种状况就更加疯狂。

有什么样的收获？

那个时候读到一本书叫《存在禅》，这是一本很有禅意的书,书中教导我们要让它(不好的事情)存在,而不是要去躲避它。对待不好的事情,你不要像对待野兽一样,为了躲避它一直跑,要停下来,看看它到底有多可怕。你就会发觉,其实,它真的没有那么可怕。

这就好像你只是在梦里,当你在梦里遇见怪物追赶时,要告诉自己:"这是梦,停下来,转过去面对它!"

梦里如此,人世也是一样。

任何事情就是如此单纯地存在着,不要任意加上过多的剧情,不要对自己说,我被抛弃了,我好可怜,我要怎么对我的朋友交代,我要怎么对我的孩子交代……等等。不要这样横加剧情,就对自己说:"好,我被抛弃了,就是这样,仅此而已。我现在要好好面对新的人生,我该去做些什么有意义的事情。"

在那段时间里,我读到很多"教人觉醒"的好书,奇怪的是,这些书还源源不断地出现。我一本接一本地读完,欢喜得不得了。我相信"字是有灵魂的",他们都在呼唤我。

真的很谢谢这些书写者,让阅读帮我度过困境。

感情的事情,你怎么和孩子说呢?

这是非常重要的。我的孩子一直认为:"妈妈,你从来都没有让我们为难。"因为我对孩子们说:"没有一个爸爸比你们的爸爸更爱你们,他的感情有变化,这不是什么滔天大罪,那是我跟他的事情,跟你们没有关系。他那么爱你们,而且他那么好……"

我们的态度非常重要，这件事情没什么了不起，感情本就无常，没有人规定"爱人，就要爱一辈子"。当然，我们还是赞叹那种始终如一的爱情。我不会对人家说，根本没有至死不移的爱情。像我的父母就爱了一辈子，我妈妈走了，爸爸就每天哭，伤心他的老伴走了。

我只是说，如果中途就分开了，那也没有关系呀。大家要一起搭车到一个目的地，你的同伴不再陪伴你了，那有什么好埋怨的呢？

那你们一家人如何相处？

我们4个常常一起看电影、一起吃饭，真的很快乐。有时，连他都觉得奇怪："为什么你认为什么都好呢？"

我一点也不怪罪他人。对我来说，所有发生的事一定是好的，别人看来可能真的很怪。

而且，我也真的很感谢他，我曾经希望独自在家闭关读书，他就说要暂时离开，也真是成全了我的心愿。所以，我真心感激，也很关心他。

说到底，这种爱一定要非常健康，是无私地去爱一个人。

这样的爱的结果是什么？

结果是，我为他的现状开心，并且祝福他，而且我的孩子会很好、不会痛苦。这样的结果不是很好吗？

我们要对自己很幽默，还有就是要明白"得失"，是他离开了你，是他失去了一个爱他的人，你只是失去了一个不爱你的人。你说，到底是谁有得、谁有失呢？

另外，不是也有人说："没必要用别人的错误来惩罚自己"吗？别人犯了错误，你却每天生气、伤心，把自己憔悴得像鬼一样，在家吓自己。何必呢？

如果真的走到尽头，缘尽时别把他当冤家，你可以借此事与之"共修"。

学习痛苦，接受痛苦，放下痛苦，痛苦就会逐渐远去。

听说你后来还对先生非常赞赏？

真的！他是个天生的艺术家！他绘制的画真的很棒，他也捏陶。他做的柿子、小青蛙，朋友们都爱不释手，真让人心生欢喜。

中午一起吃饭时，我衷心地赞叹他的才华。这8年来，我们虽然分开住，但我觉得有两件事没有做错：第一，我尊重他的选择，彼此有充分自由的空间，很高兴没有把他逼疯，我觉得我也很棒；第二件事，他终于成为他自己了。我真的好恭喜他，真的。

儿子说："瞎子也看得出来，你是真心的。"

女儿说："爸爸很开心你这么欣赏他呢！"

这是完全超越了爱情的感情。到底是什么样的爱呢？

就是没有得失的爱呀，不会有得失心，无论什么事情，有了要珍惜，失去了也不要惋惜。重要的是当下，当下不需"怨恨"，虽然经历了感情的波折，你仍然可以很平静、真诚地爱每一个人，那是一种让自己很纯真的情绪。

这种感悟与濒临死亡有关系吗？

是的，是有关联的！濒死回来之后，我身心灵都开始转变，我不再是原来的我，我们的"内心能量"已经不太一样。当然，我不是说濒死的人就允许别人分享先生。我是说，当遇到了这样的事情后，我尊重他成为他自己，他有成为自己的权利。女儿还幽我们一默："你们结婚30年，好久了啦！"

先生对朋友说我像老师一样，他不太受得了我。我才知道自己的缺点在哪里，我会慢慢改进，对人对事物更加恭敬才对。很谢谢他提醒了我。

我在佛光会、在大观基金会服务得很开心。我常说："我们不是为了一个人而来的，绝对不要做向日葵，只把某个人当太阳，依循着他的喜怒哀乐，他开心你就开心，如果他下山了，你就没精神。"

我们来到这个世界，就是一个完整的人，要足够充分地做自己。

现在看来，情感的小变故，对我来说是一个大礼物。它让我更加确认：每件事的发生都是好事，每件事的后面都带着一份礼物。我就是这样啊，没有心浮气躁，没有变成疯婆子，没有在后面一直追着骂、追着打，没有每天坐在房里发脾气。就让这件事

"存在"后，我开始去上生死学研究所的课，我拚命读书、思考、感悟、体会。最终，我变成另外一个我。我自己开心，也跟朋友分享了很多，大家那么爱我、包容我。而他，也成为一个富有内涵的艺术家……

所有这些，都是老天给我最好的礼物！

当然，并不是说我们要期待感情的变化。人生就是这样，如果没有情感变化，可能会有其它变故：有的人失去另一半，有的人失去事业，有的人失去身体。那就是额外的学习，每个人有不同的功课要学习，只不过我遇到的是这个。

挫折与困境，往往是为了成就我们的学习而来，学习到什么程度，就看我们的资质，若你是个优等生，也许一天半天就学会了，有的人可能3年5年还学不会。总之面对时，千万不要怨恨，始终秉持一种"学习"的态度，静静等待背后的礼物的到来……

采访感言

有时觉得，小慧阿姨的人生，缘于一场赌局。

她和上天打赌，到了人间，肯定要过"快乐和爱"的生活。上天说："不必那么肯定吧，多少人发过这个宏愿，终究没有实现。"

上天安排这个女人面对诸多困境：流产3次、身体病重、濒临死亡、婆婆严苛，以及和丈夫的感情发生波折……

这些痛苦，有的人遭遇一种就有一生阴影，而她，必须全部承受。

所有的这些,只有一种智慧可以克服。这个智慧,关乎人类幸福的深层秘密。最终,这一秘密的答案,竟被小慧天天明目张胆地写在脸上:

无条件、无理由、无解释,无论经历什么事情,人心,总能归于平静与欢喜。

感情变故之痛,自然迎刃而解。

第十二章

天天这么高兴

采访前，我们和小慧阿姨去挑蛋糕，看中了一块长方形草莓蛋糕，那几颗红艳艳的小草莓像是刚长出来的。她兴奋的对着它指指点点，好像很欣赏我们的品味，配合地说："我最喜欢草莓啦！"于是3个人喜滋滋地提着小蛋糕回家。刚好是初夏时节，傍晚的风暖烘烘的熏人，我们两个就像左右护法，一边一个拥着她走……

这是她第一次来我们家。之前，当她知道我们要邀请她来家里过生日时高兴极了，好像是一个向往很久的愿望终于实现了似的。她就是这样，当你为她做了点微不足道的事时，她的反应会让你自己都怀疑：我们真的只是买了个20几块钱的草莓蛋糕给她，而不是一颗大钻戒？

你天天都这么高兴，怎么回事？

我就是天天这么高兴，实在没有办法。而且，最近几年越发觉得……处处是惊喜，随处都让你感谢、感恩。

能否举一些处处惊喜的例子？

比如有一天，早晨出门，看到警卫。他前阵子感冒时，我就很担心，问候说好一点了吗？他说好多了，我就很开心。

在路上，看到一些小花，我就高兴。台北路边的安全岛上有许多小树小花，看它们漂亮地长在那里，就是在陪伴我们啊！我们不能视而不见。它们努力地展现着自己的生命——你看它们正在迎风摇曳，多么婀娜多姿啊！

然后，我开车前往目的地。停车时，后面的一辆车车主很着急，直按喇叭，我就让她开到前面去了。后面停车的女士真的很急，把车子一停下来就跑掉了，停得很不规矩，造成了混乱。那时候，我的第一个想法是，她那么紧张做什么呢？突然担心起她来……后来管理员很气，一直骂那个车子，我就说，不要急，不要急。

接着经过一栋大楼的工地，其中有一块绿地，我就停下来看那片绿地，果然看到好多不同颜色的漂亮小花，好高兴。心想，为什么要那么急呢？刚才到现在不过晚了8分钟，而这8分钟又让我看到路边的花了，还有那小水沟里的小鱼儿。我就那样一直看，高兴得不得了，深觉自己真是太过分、太奢侈。

还有一次，我拿宣传单时，不小心被纸的边缘割破手指，当下就想，我们没把新纸割手的危险当作一回事，马上就得到教训了。一些不经意的事也隐藏了许多危机在其中，每一个小地方都要谨慎。然后，我就觉得这张纸是一个启示，当下就超级高兴，觉得自己好有智慧，还会想到这个问题，很棒吧！

还有一天，我们去圆山饭店用餐，有位服务小姐很贴心，特意多拿了碗筷来，因为她准备让我们分吃牛肉面，"真细心啊！"你就会很感激，不是吗？我们离开圆山饭店时，那服务小姐说："欢迎光临，下次再来！"声音那么清脆悦耳，多开心啊。

再比如，那天我运气好，在树底下找到车位，凉凉的地方停车子一点都不闷，是怎样的因缘让我停在这么好的地方？那是多美妙的事情，赶快感谢一下佛菩萨大天使们的保佑啊！

还有，儿子从美国传来许多披萨的照片，因为上次我和他说过，妈妈去纽约想吃披萨，所以他先去做了市场调查，还给我发来这么多可爱的照片……这里还有女儿小如的照片，在手机里，一打开就有，很可爱，看她多开心啊……

欢喜，真的是无所不在，在每一个当下都有啊！

早上洗脸，我就感谢水帮我洗得很干净，很舒服……还会感谢茶叶，甚至包括现在正在吃的蛋糕，感谢它们带给我们这样的快乐时光。如此，喜悦就会源源不绝了。

感谢一切的一切，随时心存感恩。感恩之下，愉悦就是回馈，感恩与愉悦，它们是连在一起的，像"你和影子"连在一起一样。当然，你的感谢要很真诚，否则那个愉悦就是表相的，不是实相的。

听说你每天都会宠爱自己20分钟，你是怎么做的？

我好像不止宠爱自己20分钟，现在越来越严重了，呵呵。

早上起来我会泡杯茶，而且会听音乐。记得日本江本胜医师提出对水的研究轰动全世界，让我们知道水的神奇。水是生命的答案，而人体的70%是水。当对"水"说我爱你，它就很漂亮，你也就很漂亮；如果你对水说，你去死好了，它就哭了。所以，要把你的身体当作灵性的存在，关心它、爱护它。

早上的时候，无论多急，我都静静喝一杯热茶，让身体放松，让它感受你的爱。这个听起来很微妙，但确实会产生奇妙的反应……

喝完茶，我就去浇花，感谢它们开得这么美，然后喂鱼。这一切完成后，我才开始做事。

如果早上必须出去办事，比如赶场演讲什么的，我会在路上给自己轻松的时间，会带上自己爱看的书。

其实，宠爱自己有很多方法。有时可以买一个名贵的珠宝来戴，去买一件漂亮的衣服穿。也可以简单到像……夸奖自己，比如：我真的很不错，我最近一点都没有火气；我最近居然可以平心静气地看待那个讨人厌的家伙。不错，自己真不错，那就买个蛋糕来吃吧。

偶尔你可以很疯狂。人家说，千万不可以吃炸薯条，不健康，而我有时对自己的奖赏就是去买个冰淇淋、薯条、汉堡，坐在速食店里，看着小朋友跑过去跑过来，呆上半个小时，也是很过瘾，快乐得不得了。

你也可以静坐静思，也可以打电话给你最想念的人。或者，去想你自己心里的秘密，或者干脆就躺在床上什么都不想，把手摊开，全身放松……就像小孩子躺在草地上那样轻松快乐……

有一次，家里挤满了人，很吵很乱，那我也给自己20分钟，走出去。我就说去倒垃圾，然后就到外面的小店或书店去看一看，不买也没关系。

如果没有完整的时间，可以先想5分钟，等一下再想5分钟，加起来20分钟也可以，把这20分钟延长再延长，那更是开心得不得了了。

会不会把自己宠坏？

不用担心被自己宠坏。我觉得我们对自己太刻薄、要求太多了，然后就容易不满。对自己不满时，马上会对别人不满，难免会迁怒，这是容易发生的情绪转变。如果我们能对自己满意，宠爱自己，对他人自然也会非常好。

说一说你的静坐吧？

晚上时，我都会静坐一会儿，祝福和感谢在身边出现的人和事。

比如，我很担心一个朋友的病情，就希望菩萨能够帮助他。还有爸爸，祝福他早点好，我不要求他恢复得像以前那样，但至少让他不要不舒服，很平安、喜乐。

祝福之后，我会想今天发生的快乐的事情；或者只是今天看

的一本好书。知道吗？看到一本好书，就能让我好高兴，好感谢作者，感谢他以那样细腻的感情写出这样生动的文字。

其实，静坐就是放松。我不是说禅坐，那是修行。我只是很自在地坐在那里，不给自己压力，给的只是一点静心的时间。

当然，刚坐下的时候，什么念头都会跑出来，就像猴子跑上跑下跑了3000次一样，但是猴子也还不错，你可以看猴子长什么样子。可是有时不见得是猴子，有可能是黑猩猩，也会有很奇怪的东西跑出来，什么都有可能。

最恐怖的，是在静坐时，总会跑出来一些所谓的"不应该"。

比如：我不应该这样子、我不应该那样子，我今天怎么对人家讲了那么坏的话，怎么办？这些出现的时候，你就开始懊恼和自我批判。

当"不应该"跑出来时，你就把这些"不应该"放在那里好了，让这些"不应该"存在。

比如，我今天不该对妈妈那么大声讲话，我一定伤了她的心。好，就放在那里，不要懊恼，不要责备自己，更不要觉得自己无药可救。因为，当你看着这些念头出现并且一一过去时，你已经在反省了，已经会做得更好了……以后就不会再犯了……

另外，也别自己平添剧情，像我们常会说，我今天穿这个裙子，腰带都扣不上，快胖死了、快成猪了，现在走出去哪能看？别给自己加剧情，别自己写剧本、演剧本。你就说，我腰上的扣子扣不上，就是这件事情，仅此而已。

静坐到一定时候，会有什么不一样的感觉？

会有光出现，不同颜色的光，粉红的、紫色的、蓝色的……它们带来平静，修复所有的脉轮。因为我们的脉轮会透出不同色泽的光，胃这边是金光、头上是紫光、心脏是白光等等。光出现的时候，杂念就很少。

如果你也能感觉到那些光的出现，就要恭敬地邀请那些光到你的身体里来，一定请它从头顶百汇穴进入，然后慢慢慢慢进到你的心轮，及至全身，真的好舒服啊……这也是个很好的静心的办法。

静坐的人，很少有越静坐越懊恼的；懂得静坐窍门的人，会从这里得到很大的力量。

我现在常做一个《零极限》里夏威夷式的静心：当我安静坐下来的时候，我对所有的人、事，包括潜意识里发生的事情，都会一一说："对不起，请原谅我，谢谢你，我爱你。"然后，我希望美好的都留住，那些不快的都消除。

我会想象着把自己放在沙滩上，海风徐徐、海浪阵阵……

"对不起，请原谅我，谢谢你，我爱你。"这就是一个忏悔，你不需要说，我该死，我不应该这样那样，不用，只要说"对不起，请原谅我"，然后说"谢谢你，我爱你"，把爱传出去。

"对不起，请原谅我，谢谢你，我爱你"这些念头一直出现的时候，杂念就很难起来，恶念就更起不来了。没有人会咬牙切齿地说"我爱你"，不会吧？而当你讲"对不起"的时候，你心中不可能对人家说"恨死你了"。有些念头是没办法共存的，所以当你在这4句话之中，就已经开始了一个非常强大的治疗、是自己疗愈自己的治疗……

做完后，你会感觉非常平静，觉得好像跟天地融为一体了。

这几句话真是又简单、又有用、又有力量……

不信，你试试看。

采访感言：

每一天，早晨起来时，每人都会真实面对自己的内心，瞬间的感觉各有不同：或者茫然，或者紧张，或者纠结，或者平静。

在小慧这里是欢喜，是忍不住喜滋滋的感觉，是总想微笑的冲动，是总想感激谁的愿力。这些感觉，仿佛等了她一个晚上，只等她睁开眼睛，然后，迫不及待与她会合。喜悦，已成她生命中的老友，朝夕相伴。

有了这样的欢喜基因，烦恼来了，就总去想它的好，并且真的找到好的一面；痛苦来了，总能及时叫停它，不让它蔓延；无法释解的压力来了，总能微笑对之，与之"和平共处"。

而新的一天，见到的人，做的事情，遇见的自然性灵，所有这些又都转化为新的欢乐，以及无所不在的自我宠爱。

于是乎，"笑"成为她的习惯，进而成为对这个世界的供养。

这也是为什么只要和她在一起就很快乐的原因——我们，不知不觉住进了她的微笑里……

第十三章

哀伤，该如何化解？

小慧阿姨买了很多水果招待我们，里面没有苹果；我们带去的苹果，她也没有吃，"我不吃苹果的……"她那么自然地说着，然后转头去做别的事了。

这小小的苹果，其中有何玄机？

平时，难道没有让你不高兴的事情发生吗？

还是会有，只是让它"短暂"停留就好。

有一次，女儿对我说："妈妈，不高兴的事，我只记得一下下。而你是记得，可是你不计较，对吗？"

快快忘记那些不好的事情，我承认这是难得的特质，或者说，这是上天给我的恩宠。

当然，还有一个重要原因就是：我有太多事要做了，实在没有时间去想那些不悦,而且无常随时都会来,你不晓得什么时候就会咽下这口气。所以要珍惜每一个当下,可以做的时候,不要说:"明天再说吧!"这样一定会来不及,你一定要把握"现在",现在不做就来不及了。

别人对你不好,你忘得很快;别人对你的好,你记得很清楚。那你岂不是天天都很快乐?

对,就是这样的。

到了后来,我不会特别去想某一件快乐的事情,在每一个当下,我都很快乐。

再问得具体一些,比如见一个不愿意见的人,或者处理一件麻烦的事,心里一定有抵触。那时候你会想什么?

有一次,我为大观基金会的筹款去见一个人。我心里明白他会摆出讨人厌的样子,他一定会说:"真的吗?真的需要这些钱吗?有这种必要吗?"

我不想见他,可是一定得见,就先深呼吸3次(其实常常都是两次就够了),想一想:我为什么这么恐惧?为什么这么害怕见到他?有什么原因?我只要对这个原因说"对不起,请原谅,谢谢你,我爱你",我相信这一切都会过去。

想过之后就觉得——有什么好害怕的,为什么要这么样对他?他又没有表现出来,你就先烦了,没必要啊,给他一次机会吧!就这样,我把我的烦恼都清理掉了……

我继续想，如果真的发生了不快的事情，那就"对不起，请原谅"就好啦。结果，那天他表现得特别好，和颜悦色的，给了我们基金会很大的支持。

如果是大的悲伤，比如亲人去世。你怎么化解？

那就和你们说说我的外婆吧？我很爱我的外婆，我是跟她长大的。后来师大毕业就去教书，然后嫁人和婆婆一起生活。

每天早上5点左右，婆婆洗好澡后带她去公园，7点回来煮早餐给她吃，再去上8点的课，中午回家煮饭，在下午一点钟再去学校上课。那时我是班导师，有3堂课可以休息，有时上一堂课我就溜掉了，立刻赶到汽车站，坐车回中坜去看我的外婆，来回要两个钟头。

我的时间很紧，有车我就立刻上，所以永远是站票。

那时候我婆婆管得很严，我的薪水全部要交给她，所以我身上没有钱，只得靠写文章赚点外快。一篇文章可以拿到300块，我就去买苹果带回去给外婆吃，那么大一颗苹果要120块，我还记得那家店叫"翠翠水果屋"，在台北车站附近。

我现在不吃苹果，就因为苹果是外婆最爱吃的，要留给她吃，已成为习惯了。

到了外婆家，外婆知道我只能陪她10几分钟就必须离开。她就说，那赶快，我们来拜佛。

那个大苹果也就放到佛前，三拜佛之后，外婆把苹果切开，发现里面全部发黑了，120块钱，一口都不能吃了，我的眼泪就掉下来了。我多么想让她吃那个苹果，她最喜欢吃苹果了……外婆也含着眼泪说："没关系，我吃到了，你的心意我都吃到了。"然后就叫我赶快回台北。她会送我到车站，车子开动时，她会在车外大声问我："什么时候再回来？"她每次问我，我就哭，因为我答不上来，眼泪就一直掉，一路掉到台北。我眼睛红红的，总是要在巷子口的冰店讨一块冰，把眼睛敷一下才敢回家。

我真舍不得死去的外婆，我哭了15年，每次一想到她，眼泪就一直掉、一直掉。

虽然用了很长时间才走出来，但我知道，每一个悲伤都有它的时间表，时间到了，它自然会离开。

其实，为什么要它离开呢？跟它在一起又有什么关系呢？当我想到她，当我哀伤的时候，那就是我与她共存的时间。共存的意思不是一蹶不振，想到与她共有的好时光就好了。像我某一刻想起她，就想到她平时很爱讲"坐下"，因为我小时候，她总是在绣花，我就围着她跳来跳去，她一说"坐下"，我就赶快坐好。想到这些的时候，就很甜蜜……

你真的不"悲伤"？

我常常讲"悲"和"伤"是分开的。你可以很悲，但是不要伤到自己，你一定要停在那"悲"的部分，跟它共存，然后不要伤害到自己。你可以想到她对你的爱，让她在这个空间里陪着你，那是伟大的力量。你会想到，你这么爱她，她这么爱你，她怎么会愿意看到你这样颓废，看到你因为想念她而每天不开心？

当然不会。然后你就对自己说：所以，我每天都要开开心心。

在这个事情上，美国总统罗斯福的夫人有一句话触动我很多，她说："如果不是你愿意，悲伤没办法住到你心里；如果不是你愿意，快乐没办法到你心里。"

全部都是"如果不是你愿意"，当你想快乐的时候，没有人拿着刀子说："如果你敢选择快乐，我就杀死你。"没有人啊！你自己愿意悲伤，愿意自怨自艾，愿意全世界都对不起你，这些都是你愿意的，都是你自己的选择。

"如果不是你愿意"，快乐、悲伤都没办法主宰你。

当我觉得悲伤痛苦的时候，我会马上停下来，深呼吸3次，之后就想，我愿意让这件事情再继续下去吗？我愿意让这样的情绪继续下去吗？然后我就对自己说，决定了——我不愿意。

举一个例子。身高96公分的丰田诏子小姐是一个侏儒，身体完全变形，在别人的眼里看来像个怪物。她去推销东西时，人家总是把门一开看不到人，就把门关了——因为她太矮了嘛，根本看不见她。

这还算好的。有些时候，别人经常一开门，她就被撞得滚到楼梯下去了，而且还爬不起来——她的手脚很短，整个人圆圆的，怎么也爬不起来。

她小的时候更畸形，所以她的同学把她塞到池塘里，手脚朝天，当她快闷死时，正好有个老太太经过，一把把她抓了起来，说："虽然你很丑，可是也别自杀啊。"她其实一言难尽，回家

后只好一直哭。爸爸没有安慰她，反倒对她说："你要自立自强，自己要懂得保护自己。"他爸爸也是侏儒。

后来的诏子就非常阳光。她经常讲的就是："快乐也是一天，悲伤也是一天，而我，选择快乐。"

还有我非常敬佩的陈宏老师，他对我的影响也很大。他是一位杰出人士，台湾的平剧是他带起来的，像《孔雀东南飞》都是他重新改写的。他还是摄影家，全心全意教学生，像蔡荣丰等台湾几位摄影大师都是他的学生。除此之外，他还是儿童文学家、艺术家、评论家；他的古典音乐的造诣非常深厚……如此杰出的一个人，突然间在67岁那年运动神经元受损，成为渐冻人，不能说话，只能靠转动眼球来表达想法……还写了7本书，创下吉尼斯世界纪录。

我第一次去探望他时，不晓得他还记得我，他透过注音板，以眨眼的方式对我"说"："校长，你都没有变。"

他的夫人学慧姐说："认真点，她是小慧，不是什么校长，不要开玩笑。"

我却呆在那里，说："学慧姐，我确实是校长啊。"

陈宏老师表示，20年前，小慧从温哥华回来参加两岸儿童文学家聚会，曾经上台致辞，他就记得我这个校长了。他的记性好到不能再好，他的头脑灵光得不得了，他只是身体被关了起来。

即便这样他也不放弃。他的灵魂是自由的，他转动眼球来表意、书写，他的眼睛是直视的，他的太太拿着提示板，横向是声母,纵向是韵母,如果他要写"哥哥"两个字,你就要从头开始,比如他的太太点到了"g"的音,他的眼球动一下,太太就把"g"写下来。

然后开始找韵母,然后找到"e"的时候,他的眼睛动一下。

然后还要标声调啊,经过如此复杂的过程,一个字才能被确定……

当然这样做的前提是:一篇文章1200字,每一个字都已经在他脑子里。

他用这种方法写了7本书,也创下了吉尼斯世界纪录:用眼球写作最多的人——几十万字呀!

当然,他也痛苦过。他对我说,我是不是自作孽不可活?我安慰他,您是活菩萨,在示现伟大的教法:教导大家如何在困境中不被击倒,勇敢地屹立着。直到星云大师去看他,肯定他的成就,给予他鼓励,他才放下心。

陈宏很尊敬仰慕星云大师,很希望见到大师,其实大师年龄也大了,不太到医院去探病,但是大师真的去了……大师去的时候,陈宏老师已经不太能够动眼睛,他花了一天时间,用转动眼球的方式写出对大师的感谢。

我们常说"油枯灯尽"。他烧到最后,还在燃烧,完全不放弃,尤其他那伟大的太太,不离不弃地守在身边,更是了不起。

他受的苦我们都知道,可是他居然说:"苦也是一种丰富。"他还说:"我们是为了丰富别人的生命而来。"这是多么了不起的名言。

当我们见到这样一个人用这样的方式生存;见到一个人用这样的生命在说话的时候,你就不会再痛苦了。

采访感言

和小慧在一起,烦恼与痛苦就会淡化。她的感染力确实奇妙,你看不到光,抓不到光,但光就在你的身上,躲也躲不掉。

从某种意义说,她代表着一种生活方式:以心灵主宰生活,以心灵的光泽主宰心灵,她说了一些话,你就相信无比,而且觉得与自己有关。同时,你会看到自己改变之后的"模样",那个"模样"鲜活动人、充满诱惑。

所有这些,又在小慧的"气场"中丰盈、壮大,你的世界就此颠覆,确切地说,与愁苦有关的部分就此颠覆。事后一想,它颠覆得如此轻松,仿佛梦魇之中,轻轻翻了个身,一切就都结束。

必须承认,这个世界上,有些人是带有"能量"的,她在那里,能量就在那里;她在你身边,能量就在你身边。

小慧的心灵能量异常强大,它让你觉得,自己来到一个生命花园,那里的枝条茎叶都很常见,但开出的花却是惊艳的,你会感叹:心灵之花的绚丽程度远远超出想象……惊叹之余,不知不觉,内心的花朵已开始拼命生长。

第十四章

关于快乐的秘籍

采访中,有一个情景让我们印象深刻:上午10点半左右,在饭店房间的榻榻米上,茶桌茶具摆在中间,我们和小慧阿姨相对而坐,旁边是她的两个朋友,大家品茶聊天。

我们问了一个问题,小慧阿姨慢慢说着,说了不到10分钟,旁边的朋友竟然哭了。要知道,小慧阿姨在说某种快乐的心境啊,那个朋友,竟然被她描述的快乐感动得哭了……

感觉你有许多让自己天天欢喜的"技巧",和我们分享一下吧。

好,我一个一个来说。

1. 不懊恼

濒死后，我发觉自己和以前不太一样了，但我不会称之为"进步"，我更愿称之为"转变"，不能说以前就是不好的。我们人啊，应该都有自信：你在每个阶段都是好的，你就是这样的独一无二，你所有表现都是最好的。

也许有人会说：那我生气时摔杯子摔盘子有什么好？我告诉你，那就是你当下最好的状态。至于过一阵子你说："哎呀，真不应该摔杯子摔盘子！"那就是你转变了，不必去为了以前摔杯子懊恼，把时间花在懊恼上，一点意义都没有。

批判过去很对不起自己，因为在今天之前，你也在很努力地活着，我们在一个很好的机会里，抓住机会转变了，仅此而已。

2.咬出三个小洞洞

我常常跟女儿讲："你知道我有多爱你吗？"

女儿说："No，妈妈你不是爱我，你是迷恋我。"

对，我从小就很迷恋她，我的女儿也很坏哦，五六岁时她就会说："妈妈，你知道我有多爱你吗？"

"知道啦。"

"你不知道，你不知道。"

"为什么？"

"我对你的爱，就是那种比你知道的还再多一点点。"

你碰到这种女儿，真的要被她甜死。

我很喜欢一首儿童诗：

想念

小虫写信给蚂蚁

他在叶子上

咬了三个洞

表示我想你

蚂蚁收到他的信

也在叶子上

咬了三个洞

表示看不懂

小虫不知道蚂蚁的意思

蚂蚁不知道小虫的想念

  这是我的好朋友,两岸儿童文学会理事长方素珍写的诗,好可爱,动人,它的寓意就是:一定要让对方知道你的思念;一定要懂得对方对你的爱。

  爱一个人,一定让他知道,告诉你的朋友、亲人,你有多么爱他们。哪怕是刚认识不久的人,也要告诉对方,你有多高兴和他们在一起。如果你不肯表达出来,只想含情脉脉,心想:"我不讲你也知道。"鬼才知道呢。

  每个人在说这些好话时总是全心全意,那么,当你勇敢表达时,就等于随时在补充养分,一直得到爱的灌溉。而对方呢?每个人都不是傻瓜，每个人都有"伟大的皮肤接收器"，将清楚收到你放出的电波。如果你是假意的，这个电波会中断，对方也就收不到了。

我说出去的爱，宇宙会送回来，我常说这是镜射反映，像照镜子一样，你对镜子说"我爱你"，你看到的镜子里的样子也是"我爱你"。

3.你有多久没有仰望蓝天

伟大的大自然一直在那里，但我们真的看了吗？

想一想，你有多久没有仰望蓝天呢？我们常常连"宇宙赠予的美丽天空在那里"都忘记了，连"这么美的天空是为了抚慰我们的伤痛"都忘记了。

我坐飞机时往下看，看着下面的船往左边开、往右边开，哇！它们在海上画出的涟漪好美啊！然后又看到蓝天、白云，那种感动——让人觉得，天哪！真的是我的天哪！你给我们这么美好的礼物，而我们竟然忽略了。

我经常劝人回到自然中，到森林中走走，去海边散散步，听听水的声音、风的动静，听听大自然偷偷对你说了什么……当然，听到后不能说"没有啊"；或者说"吵死了"、"不好听"，那就是辜负了大自然，它是为你而存在的，你要轻轻融入，用心聆听……

4.你会"说好话"吗？

星云大师有一句话我非常喜欢,他说:"好话,助人因缘,是护生;坏话,断人希望,是杀生。"

哈佛大学的医学院曾经做过一个实验,这个实验持续了35年,对象是哈佛医学院126位二年级的学生。

他们问学生4个问题:

第一个:你的爸爸是怎样的人?

第二个:你的妈妈是怎样的人?

第三个:你跟爸爸的关系好不好?

第四个:你跟妈妈的关系好不好?

35年后,这个研究报告出来了,说爸爸妈妈好话的人,97%的人非常健康;可是,说爸爸妈妈不好的人,百分之百的心血管出了毛病。

于是,科学家就得出结论:平常就爱说"好话",大脑会有良性反应,这个反应会存留在记忆中,它会慢慢培养你"凡事,往好的地方想"的特性。

说到底,你的话语和你的身体是对应的,存好心、说好话、做好事,人的身体就好,而且过得非常正向。

有正向思考的人会帮助别人,让别人也得以成长。而且,这样的人进到实验室做测验,他们的脑电波都和别人不太一样。尤其是助人时,人的脑电波反应会非常强烈,其表现和法师禅修的时候几乎一样。

其实,"说好话"也是可以练习的。我常常会提醒朋友:每天拿出一点时间,做一个"b、p、m、f"的练习。

b，就是好棒。可以对自己说一句"好棒"。当然，不要说"好笨"，笨的注音也是 b 开头的，呵呵。

p，你可以说你好漂亮啊！天空好漂亮啊！

m，美丽啊！觉得谁都很美的人她自己一定更美！

f，福气啊！我们能来到这个世界就已经是很大的福气啦！

各自找这些音标开头的积极词汇，每一天，都把这些词说出来，长久练习，形成习惯，每一天就会很高兴、很正面。

5.用"笑"供养世界！

用"笑"供养世界，这也是一种习惯。

曾经有一个可爱的实验，人群被分成两组，两组都看一样的卡通片。第一组的人看的时候，规定他要一直笑；第二组的人就不准笑。然后开始访谈："你看了觉得怎么样？"

第一组的人说："这个卡通片好可爱哦！小猪一直跳来跳去，唱的歌好好听哦，真是可爱得不得了。"整组的人都很高兴，讨论时也是兴高采烈。

不准笑的那一组就会说："有什么好看的？一点意思都没有，笨死了，唱的歌难听死了，不好看！"

因此，实验证明，这个笑，是可以带动脑神经，你用微笑去对待遇见的事情，就会让你处在快乐正向的情景与心境之中，仅仅就因为"微笑"。

我也很爱笑，因为见到每一个人，就觉得每一个人都是这样的好，我很想很想用笑来供养他。

当然，不是每一个人天生就会快乐的，快乐是有原因的，它往往来自敬畏、谦卑以及感恩。

其实，在广大的地球，我们能遇到的每一个人、每一件事物，是多么不容易啊，如果我们对这样的"运气"充满敬畏、谦卑，并且心怀感恩，那我们就会非常快乐、非常珍惜了。

6.感激，也是可以练习的

一份科学研究报告说：一个人如果每天能够练习感激15分钟，他的压力荷尔蒙就会减少30%，还会增加好的荷尔蒙，让你去抵抗所有的压力。同时，还对你的内分泌以及肾上腺素都有好处，整个人都会有一个大转变。这真是太棒了！

关于感激的练习，可以从很小的事情开始……比如，我去某个地方演讲，出海关的时候不晓得怎么填表，接机的人就"一涌而上"帮助我，哇！我就觉得亲切又开心，那我一定要好好感谢……

就这样，我去学校、去上班，包括我在公交车上，都有很多可以感谢的事情。或者只是读了一篇文章，作者写得让我太感动了，也要好好感谢一下。

让感激变成一个习惯，甚至一个仪式，或者变成你每天的一个工作，好好练习，你就发现，生活与人生非常温暖，内心也会非常强大……乃至于，你这一辈子有可能变成无敌铁金刚……

7.我的名言

我很爱讲："不比较，不计较，好好吃饭睡觉。"

这是我的名言，你如果爱比较，怎么吃得下、睡得着？

好好吃饭睡觉，是生命中多大的学问啊！

怎样做到这点呢？方法之一就是要缩小自己，放大别人。

你要放大别人的好，由衷地去欣赏人家，比较的时候通常就是想：他哪有我好，我比他更好。都是因为你把自己放大了，比较的时候你都忘记——别人其实是这样的独特。

要像星云大师说的：你大我小，你对我错，你有我无，你乐我苦。

这4个想法真的有用。你大我小，就是你这方面确实比我强，我承认，那我就没那么纠结了！

人家骂你，好，你对我错，我就没有那么愤怒。然后，再把我的想法解释给对方听……

有一天早上，一个当厂长的朋友打电话来，他说听了我的话后对工人非常好。他问自己："我会像他们那样在大太阳底下搬二三十公斤的重物吗？"不会的，那么，真的要很感谢他们……

我对他说，其实，想到人家的好，就是尊对方为"大"了。

8. 不耻于求助

很多人觉得自己很痛苦，可是不敢去跟他人讲，觉得太没面子，于是忧郁、躁郁，把自己压在某处，这是不行的。

求助不代表你懦弱。当你有勇气去告诉别人，找到一个安全的地方引爆它，让自己信得过的人陪伴你，也让别人有机会释放善意，对人对己，都是多好的一件事啊。

什么是勇气？敢于借助他人"引爆"自己的痛苦，这就是勇气。

9. 分享他人的好

我常常讲："分享、分担是不同的。"

能与他人分担痛苦的人是普通人；可以分享对方成就的人，是伟人。

人都见不得他人好。我们扪心自问：当朋友非常成功的时候，你是喝采还是说："还好啦，没有真的那么棒，还可以啦。"如果我们和他一样高兴得不得了，乃至为他开香槟庆祝，那你就要为自己喝采！

当我们能和他人一起分享成就时，就迈出了心灵上最大的一步。而人家的"好"会有更多更多，那快乐不也就源源不断了吗？

10. 伟大的转化

在《好人肯定有好报》这本好书里，有一位牧师写的序令我非常感动。他说："在沙漠里的玫瑰，一样是芳香的，一样会绽放。"

有一天，他去看一个叫罗拉的孩子。这个小女孩跟牧师说："我来医院时，以为只要截掉一条腿，可是现在医生说要把两条腿都截掉。"

牧师想要安慰她,但是不晓得该说什么话,他觉得所有学的东西都用不上。正当他茫然时,小女孩的眼睛突然亮了,说:"牧师啊,我在想啊,等出院的时候,要怎样用自己神奇的双手,做一些伟大的事情。"

小女孩接着说:"对的!第一件事情就是要烘一个最好吃的蛋糕送给你,我很会烹饪,也很爱缝衣服,做些手工艺的东西。对的对的!我有两只手,还是可以做一些伟大的事。"

这是一个多大的转化,她不再看自己没有的东西,而是看到自己还有的那部分,如此"有与无"的转化,多么重要、多么美好。

谢坤山,台湾很伟大的口足画家,16岁做工的时候被高压电打到,手又截肢,只剩下一截小手臂,他就靠那个小手臂吃饭、穿衣服,但他常常用他小小的手跟大家快乐地打招呼,用嘴叼着笔画画。

他对万事都充满热情,他到学校去演讲时,总是鼓励孩子面对生命的困境。

有一次在电视上,我访问他:"坤山,也许天生没有手脚的人是比较好过的,像你这样曾经拥有又失去了,这种心路历程要怎样度过呢?"

坤山就讲:"嘿!小慧姐,我好像没有想过自己没有什么,只会想我还有的。还有的东西,就去用它啦。"

他的态度也影响到女儿。他女儿常和别人说:"人家都有靠山，我有谢坤山。"

这一家人的心态多么正面！

还有瑞典歌唱家玛利亚，她一生出来，没有双手，左脚的大小和右脚差4倍，而她的爸爸妈妈没有悲伤，反倒说："上帝在你身上一定有什么伟大的计划！好好地用吧！"他们把她当作正常的孩子抚育，一样上学，一样做家事。最后，她成为伟大的歌唱家。

让伟大的转化经常出现，无论对己，还是对人。

转化其实是很容易的事情，就像今天早上我坐在那里，看到水中的小鱼正游来游去，恰好几片树叶飘下来掉在水里，吓到了小鱼，那是一个很可爱的景象。我就在想：好美啊！心情就超级好了。

我们要放开眼界看一看，即使是树在随风飘扬、花在迎风招展这么简单的事情，也是很美很伟大的宇宙讯息，都能将不好的心情变得愉悦。

11.学会说再见

"学会说再见"是很重要的学习，也是很大的学问。学会当人家不爱你时，跟他说再见；当你生病时，跟身体的痛苦说再见；当你伤心、难过而又绝望时，跟它们统统说再见。

不要抓着不放，那其实是"不放过自己"。"放下"就意味着放过自己了。

重要的是你的心。把心放在慈悲取舍之上，而"舍"就是舍掉负面，学会对它说再见。

有一次我搭捷运赶着去演讲，人很多，挤不上去，我就停下来等下一班。旁边有个很漂亮的女孩嘟嘟囔囔地向站务员抱怨要赶时间，站务员说："还有三分钟车就来了。"女孩说："你不晓得三分钟对我有多重要。"我就回过头去说："妹妹不要急，真的三分钟就到了。"她说："我要赶着上课！"我说："来得及，一定来得及。"

她有些不好意思，头就低下来了。

这也是一个教训，我很希望这个小妹妹知道，这三分钟不可能就耽误了什么，每一个当下，你都可以把不好的情绪停下来。

要让简单的几个字"学会说再见"经常出现在心中，时时提醒自己，一有不好的情绪，就本能地出现这五个字："学会说再见。"

说到底，聪明的人解决问题，有智慧的人不让问题产生。

好友龚姐送我一句话，我很受用，我常用它来点醒自己：狂风骤歇，歇即菩提。

在灰色情绪的狂风中突然就停下来，那一刹那就是菩提，就是智慧。

12. 难得

说实话，现在的我常觉得，我怎么活得这么快乐！我的幸福，几乎是不需要条件的，我随时都感觉很棒，随时都觉得生命真是太美好了。

比如，过生日时，别人帮我剥了一个蛋，我觉得这是一件很幸福的事；我的孩子和我一起吃寿面，我会觉得很难得，所以吃得很高兴；一个好朋友说："等你回来，给你做寿啊！"我就说："不必啦，已经做过了，折现捐给基金会好了！"他们就说："好好好，回来折现。"然后，我又觉得真幸福，过了一个从早到晚都快乐无比的生日。

在大家眼里，可能这都是些平常的小事，但是我要强调"难得"的想法。每一件发生的事都是难遭难遇，不要觉得理所当然。有人应该陪我吃寿面？应该帮我过生日？在这个世界上，没有什么是"应该"、"必须"的。许多平常的小事，即使小到煮鸡蛋吃寿面，都是特别为你做的，这是多么美好、多么难得的事情啊！

13. 信仰

活在这个世界上，信仰很重要。如果你不相信神、佛、菩萨，那么相信自己，或者太太、先生、父母孩子都可以。你所信的人、事物能拯救你、陪伴你、给你力量。那就把他们请到心中陪伴你。

比如说，一大早起来，你就恭敬地邀请他们来身边，感受他们的到来，接着感谢他们，因为他们的存在，会使你充满能量……

观想的时候，除了感受对方的爱与力量，最后还要慈悲地散播给众生，就是：

你期望用他们给你的力量，去给予其他需要者，让他们也得到平安与快乐。

采访感言：

停，停住。

在这个世上，没有什么是停不住的，心灵空间和物质空间一样，有着先天的摩擦阻力。每人心中，都有趋向"平静快乐"的强大意志，这种意志，是痛苦最大的阻力。只是，在某个时刻，这个意志被忽略了、被淡忘了。

但是它终会出现：或者，在受不了折磨的极端时刻，或者，在生命智慧的引领之下，或者，在某种心灵习惯的梳理之下。

小慧不是没有烦恼，她只是在本能的"不爽情绪"之后叫停了它，然后激发强大的生命本能——平静快乐。

从情绪本能到生命本能，小慧几分钟就可以搞定。

因此，对她来说，每一个痛苦，都是让这种转化更为"平常"的滋养，而不再是痛苦本身。

尾声

对于以后,你有没有一个大概的计划?

没有,我没有特别的计划,我觉得计划自己会来,每一件事情都有自己的节奏,我只要跟着那个直觉、那个节奏走就可以了。不过,直觉告诉我,66岁、67岁之前是我能够做事的黄金岁月,再往后,我的身体可能会出问题,甚至走不动了。

现在还有什么事情会让你困扰的吗?

那就是一些灾难了。比如之前玉树地震、冰岛火山灰(2010年3月冰岛火山爆发时,火山灰不仅造成冰岛大乱,也造成欧洲空中交通瘫痪。——编者注)时,我很伤心。我没有办法帮助他们,心里有一种很无助的伤心。

谈到冰岛的灾害,为什么你会对那么远的国度有痛切的悲悯?

怎么说呢?说一个"持地菩萨"的故事给你听吧,持地菩萨走路很轻很轻,人们就问佛陀:"为什么持地菩萨走路会那么轻?"佛陀说:"因为他慈悲到怕踩痛了土地。"

就是那种悲悯的心……其实,每个人内心深处都埋藏着慈悲的种子。这也不难理解,万事万物都是有情的,而且土地下面还有万物,还有生长着的东西,如果踩得太狠,就会有震动,会影响到土地下生长的东西。这个故事告诉我们:要从最小的地方注意,要用最大的慈悲来面对所有。

说到冰岛的火山灰,当时的灰都飘到台湾了,看着雾蒙蒙的山,我就想:在台湾已经是这样,天哪,如果在冰岛当地,那该是什么状态啊?于是,一下子就能体会到受灾者的痛……我就问红十字会我们能做什么,只是飞机都停飞了,在行动上做不了什么,那我们就以"共同面对"为他们祈福祝祷吧,给他们精神的支持!不能说:"啊,我没有用,它那么远,对我来说我没办法。"不,你绝对有用!每一个慈悲都有用!

其实,就算现在发生月球大爆炸,那你也有用啊,我们可以一起共同去探讨这个问题,然后把你的慈悲心发挥出来,在这个善的交流里,就是巨大的祝福,无论多远的地方,爱是可以感受到的。

在震动频率之中,爱比光还要快……

玉树地震后,你做了哪些事?

我立刻找朋友一起募款,募集了250万新台币,捐给玉树。以前四川地震的时候,我们筹了1000万新台币,这个时候,钱是最实际有用的。

不过，也在那个时候，我想到"回去"，想离开这个世界……

为什么？

那个时候我病得很严重，心脏非常不舒服，吃药过敏，吐到满脸微血管破裂，后来被大家逼着吃药。每一个人都说："为了我，去吃药好吗？"我为"应观众要求"，不忍心大家操心，只好乖乖就医。

不过，我真的想"回去"了，也许，到了另一个世界，我就更能帮助他们。我天真地想——回去跟神灵说一说吧，我问问他们怎么没有好好保佑地球啊？或者，我回去就有神通了，就可以影响天上的神明，去帮助更多的人……

但是，我听到内心真切的声音，它说："你可以回去，但是，你又没有办法……因为你太伤心了，另一个世界不希望你回来。"

所以，我开始调整我的想法：也许我继续在这个世界上，还可以在人间做点事，我可以告诉大家一些减低恐惧的方法，比如如何面对突如其来的火山爆发、地震的恐惧，能够让大家减少无助……

我是有用的，我还不能走。

把我放在人间肯定是有道理的。但又想不通了：既然把我放在这里，就不要让我这么累啊、不要让我的身体那么差啊，否则我就可以做更多事啊！后来发觉不对，正因为我很难受，我才知

道受苦的人不是活蹦乱跳的，才知道呼吸一口气是那么不容易，这样，才能对其他人的痛苦感同身受，更加努力地帮助他们。

于是，我就放弃"走"的念头了。

对这本书，你有什么期望？

我希望看这本书的人能够知道：死亡不可怕。重要的是学会说再见，懂得与挚爱告别。当然，不是说死亡不可怕，就去自杀！而是要了解生命是如此的短暂，如此的美好。我有一句话和大家共勉："只有过不去的心境，没有过不去的处境。"

我希望这本书的最终意义是——陪伴。陪伴那些觉得自己身处困境的人，或者是对自己不抱希望的人，希望他们知道：有一个人愿意陪伴你，陪着你离开绝望的谷底。

在这个世界上，我可以过得这样快乐，我可以如此真心地期望每个人都快乐，而你就是被我祝福的那个人。所以说，你一定要过得好好的，是的，一定要过得好好的，好吗？

附录一 | 只要她"有",所有人都"有"

——亲人眼中的赵翠慧

她的确是一个奇迹,一个几乎以"极端完整"的方式体现生命价值的奇迹。

她不是一个遥远的榜样,她对所有正向能量的聚合力,使她有一种真切的神性,这种神性如此具体、扎实——具体到你能亲眼见到"神"的所为;扎实到你能即刻复制所为,并发现其作用立竿见影。

而真正的价值在于:每个人都拥有神性,只是有人遗忘了它、有人质疑它的存在。而她,直接把这种神性"演示"给你看,使人性穿越重重迷雾,终于与神性相遇拥抱。

她并不玄,虽然财富、才华、美丽及至两次濒死体验本身就代表了玄妙,她却由此炼出一种人性的精华:爱。这是她在自己的人生里,唯一做的一件事。而这几乎是她的"发明":在任何一种困境中,提炼爱,再给出爱。

她以行动确认了爱之于人类与人性的唯一可能:除了爱,我们无路可走。

以下文字是对她身边挚爱的采访，每个人眼里都有一个她，而每个她都是爱的一种诠释。汇聚起来，我们终于发现，她早已破译了爱的密码：无条件，无条件地去爱。

所有"有条件的爱"都可能带来痛苦与困扰，只有"无条件的爱"，才是爱的终极高点。而她，就是那个到达极点的人。在这个层面上，她就是活在这个人世间的"天堂人"。

她的事业就是爱

小慧的小妹非常崇拜二姐。这位"小妹"是全台湾著名的中学校长，却说小慧是她的女神。我们去采访她时（我们称之为"小阿姨"），校长大人正在进行一个叫做"与校长约会"的活动，就是每周固定的时间，她和几个学生（全校轮流）一起吃中饭，谈心聊天。

她说："我知道你们来了，但是我不能取消我和学生的约会，因为我要让每个学生都知道，'对我来说，你很重要'。"

"你很重要。"那是有一次小慧对她说的话。

有段时间，小阿姨过得很辛苦：她想继续深造，可是两个孩子都小，没什么积蓄，又遭遇巨大的生活变故。有一天心情实在不好，就临时决定去找姐姐。看到妹妹神情忧郁地出现，小慧做的第一件事是打电话:"我妹妹来了,她很重要,我们改天再约吧!"而小阿姨听得真切,对方是一位高级官员的夫人。放下电话,小慧看着有点诧异又有点不好意思的妹妹,重复了一遍:"你很重要,我们去吃饭。"

这件事对小阿姨的影响是巨大的,在她20几年的校长生涯里,就是在用自己的言行告诉每一个学生:"对我来说,你很重要。"所以那个"与校长约会"的活动,多年来风雨无阻,那是全校每个学生期盼的高峰时刻。

小慧幼时被送到阿姨家生活时,妹妹还很小。两个人真正开始有心灵上的互动,是在成年之后,妹妹逐渐感悟到,自己有个天下"最不可思议的姐姐"。"在每一个困难时刻,一定有她和你站在一起。"

早些年,丈夫遇车祸罹难,两个孩子还在咿呀学语中,事业和生活都在重要的分歧点上,小阿姨几乎被生活压垮。小慧总是先她一步想到那些困难,缺钱的时候补上钱,没时间就代她带孩子。还负责帮她照顾孩子们的"小屁股",因为尿不湿都是小慧供应。"不止我们家的这两个哦!那么多的小屁股都是姐姐照顾的!"可是,她却是过了很久才知道——原来姐姐的小孩不仅无法用尿不湿,姐姐更经历了比她还大的痛苦……

小阿姨讲了一句很精辟的话,形容她对家人、身边人的爱:"我们就是她的事业。"

其实,她的事业就是爱。

"只要她有，所有人就都有！"

"只要她有，所有人就都有！"这一句经典评价，来自与小慧最亲的大姐。

小慧用"生命共同体"来形容她和大姐的关系。小慧生活中那么多心惊肉跳的时刻，总是有姐姐随时为她待命："有一段时间，她被婆婆欺负，我对她说：'任何时候有气了有怨了，就来跟我讲'。"姐姐还传授给她一个秘籍：生气就整理房间。后来"整理之术"简直成了小慧的独门绝学。有一次小慧生病，姐姐正在炒菜，得知消息，把那铲子"当"的一放就去看小慧，先生回家找不到老婆，紧张得要死……

2003年，小慧突然发病，高烧、咳嗽，症状怎么看都像SARS，姐姐一边用电话"确诊"，一边抓了口罩、退烧药打算去看她。先生问："你确定要去？"姐姐此时简直刚烈得像个勇士："对！就是要去！死也要死在一起！"

姐姐从小就爱妹妹的可爱善良、有才华，只是小时候觉得她天然又自然，直到历经生活磨练，她才开始思考：这是多么不可思议的妹妹。

"她就是好。她的'给'是天生的，和钱没关系，只是有钱之后更变本加厉了。"姐姐说，自己是那个"得惠"最多的人，虽然众兄弟姊妹无人不受她照顾。（用哥哥的话讲："她一从

'加拿大'回来，就变成'大家拿'了。"）她的"给"真的是"豪赠"，凡是在她身边的人，无一不曾接受其馈赠。那是她独有的分享方式，其独特就在于她对"有"及"给"的理解："佛菩萨让我有钱，就是要让我给出去。"

姐姐最懂她的好，因为其实她们是一样的人，而她的家人，在底色上都是同样的温暖明亮：外婆一生行善，父亲母亲生前捐款从不手软，大姐性情温婉与人为善，大妹妹是有名的大孝女，小妹妹是名满台湾的爱育校长……只是她的颜色，是最温暖的那种温暖，最明亮的那种明亮。

她是慈善界的大傻瓜

在小慧的濒死纪录及演讲中，反复提到一个场景：在她濒死时刻，有人抱着吸尘器坐在楼梯上嘤嘤地哭，当时濒死的她觉得那人简直"吵死了"，这个人就是她的管家——春兰。

春兰在小慧家做了20几年了，形容小慧的时候，她表现得相当"严谨"：眉头皱着，略思考了几秒钟，说"反正，在台湾我是没见到过第二个像她这样的"，转而又补充了一句"在你们大陆有没有我是不知道……"

小慧记得她的生日，各种节日都会有礼物，更不用提母亲节、妇女节这些女人的专属节日。小慧会漫不经心地说："呀！你看，我怎么又买大一号了，恰巧是你的尺码，喏，还是你穿更合适！"然后就把精心包装的衣服捧到她的手上，看着她拆开，再看着她美滋滋地试穿——春兰知道，其实每一件礼物都是专门买给她的。小慧就是这样，施予或赠予的时候，永远都让受者有种被尊重的感觉。就像他们总是坐在一起吃饭喝茶，分享美食，（甚至有时饭都是小慧的先生做好的！）用春兰的话说："哪有老板像这样？"

有一次源源（小慧的儿子）和妈妈开玩笑："你每个月花钱是请她来聊天的吧！"小慧头也不抬的答："对的。"

朱先生和春兰一样，在小慧家做花鸟养护快20年了。"只要她在家，就知道她生病了，否则，她一定是在外面为别人忙。"这是他发现的小慧的最大规律。即使生病在家，只要有一点说话的力气，她在电话里讲的口里念的，还是别人，"在她心里，自己永远排在最后一位，甚至没有自己的位置。"

朱先生爱好广泛，他一度热爱收集古钱币，也不知道什么时候小慧知道了。"有一次，小慧出国回来，送给我一盒在海关买的康熙钱币礼盒，我一看，哇，几千块新台币！其实在市场上只要一两百块就能买了！"心里一边想着："这个冤大头！"一边却觉得温暖极了。这盒礼物他一直珍藏着，他懂得它的珍贵。

有时他也替她急，称她为"慈善界的大傻瓜"，还要加个惊叹号。不知道有多少次，有多少需要善款的事情找上来，她总是当即应承，其实"可能在那会儿，她还不知道钱在哪儿呢！没见过做慈善到这种程度的，她的给是'大舍'……"

| 附录二 | **她是一个想象力之外的人**

——朋友眼中的赵翠慧

　　罗李阿昭是小慧最好的朋友之一，好到"人生得一知己足矣"那种。提到两人的相识，罗妈妈脱口而出："认识21年了！"连小慧都感叹："记得好清楚！"

　　两人是属于"一见钟情"式，她们自言："都是好人。有爱心的人，总是气味相投，一拍即合。"

　　这两个人最可贵的友谊表现在"这世上大概只有罗妈妈可以骂她"。有时罗妈妈是真的气，气小慧是个"滥好人"："在她眼里，根本没有坏人，有时真替她着急，她总想着世界上没有坏人。这就是滥好人嘛！"

　　罗妈妈还补充了句："就是乱七八糟地做好人，不应该做好人的地方她也做。"

　　有很多次，罗妈妈和身边的朋友都提醒她与某些人保持距离，甚至到她不只被骗过一次，可是转头她就忘了，对方有需要时，她还是会挺身而出。

一个人心地是怎样的，她就会怎样看这个世界。在一个坏人的眼里，再好的人恐怕也是坏人；而一个好人，根本就没有意识去揣想他人的好坏。她连想都不会去想，分辨这件事都没有，直接就是对你好。小慧的好完全是行动力，你需要她，她就出现了，管你人好人坏。说到底，这不是气度，而是最彻底的慈悲，在她眼里，只要是真真切切的人，怎会不需要爱？

人性的优劣善恶并不是她关心的，在她看来，那是你自己需要去完成的，她只管"爱"就好了——这就是神性了。

骂归骂，每次需要善款时，罗妈妈总是小慧最坚实的后盾。有一次佛光山需要筹款，正迫在眉睫时，小慧说："那我也想想办法吧！"星云大师就说："你有什么办法好想？你只会去找罗李阿昭！"

在台湾，罗妈妈是有名的"功德主"，她富有而低调，打开人间卫视，总是能在那些节目"赞助方"一栏里看到她的名字。这一点，小慧爱看电视的爸妈最清楚不过了："看看，全都是你的罗李阿昭呢……"每到这个时候，小慧就骄傲得不得了。其实，她们正是彼此的骄傲。

世上怎会有这样替他人着想的人

这世上唯一一对初次见面就聊了近10小时的朋友，大概就是Emma和赵翠慧了。两人几年前结识于一次聚会，聚会结束了没聊够又转到咖啡厅，从中饭聊到下午茶，从下午茶聊到晚饭、宵夜……Emma说："在我的朋友中，小慧永远都是排在第一位的人，因为她打开了我的心灵频道。"

Emma的母亲很早就过世了，"死亡"对她来说一直是个沉重的牵碍，直到遇到小慧，听小慧讲自己的人生与濒死体验，那背后的智慧与从容深深震撼了她，也使她就此放下。

身为商人，Emma坦言，"公司有没有赚钱，客人有没有跑掉，市场有没有被竞争对手占据"一度占满了她的生活，而这种"占满"也看似合理，只是心灵被密不透风的现世之网包裹，完全没有一个超逸的空间去释放内在灵性。是小慧为她开启了灵性空间，她开始觉察到：心灵生活远比任何一种内容都重要，一个人才能因此更完整。

小慧带给她最大的"震惊"是："这世上怎会有这样替他人着想的人！真的是亲眼所见，才确信果然有这样的人存在。"这一点对她最大的影响是，开始关注自己生活以外的人，行善更多，并且最重要的——对他人的痛苦能够感同身受。

小慧是真正意义上实践"无缘大慈，同体大悲"的人，与其同行，便能被感召。

她给你的,都是最好的自己

"你知道她刚刚一上来问我什么?"说这话的是段台民,台湾复旦中学校长,也是赵翠慧的高中同学。

"什么?"

"今天来学校演讲和卖书(小慧为春曼、心曼这对残疾姊妹卖书募捐),她问我会不会有难处,如果有一定告诉她,她来解决——她总是替别人着想,而且先想到你的困难处,并已经替你想好了解决方法。"

在老同学段校长心里,她是一个"了不起、不简单"的人。自小,她就能让人感觉到人格上的可爱与可贵。

段校长用"丰满、可爱"来形容当时的小慧,其实她小的时候就是胖嘟嘟的——好家境似乎最能表现在一个正在青春期的孩子身上——圆润的身材、粉红的脸,梳理得整齐服贴的头发。总爱笑,笑起来的样子让人很"欢喜"。

她一早就显现出了爱人的天性。段校长还记得那时候的小慧是"那么小的一个小姑娘,总是跟在那些家境差、念书也念得不大好的同学后面,急切地问:'今天的课你到底听懂了没有啊?作业做得怎么样了呀!需要我帮忙吗?'不然就是一早刚到教室,她的桌子上就预先摆好了几本作业,不用说,等着她帮忙抄呢……最有意思的是,她照单全收,因为'舍不得他们被老师骂'！"

因此，她人缘罕见地好，几乎是人见人爱，可是又不是"小可爱"那种可以随时拿来逗一逗、穷开心的，而是有种风范。不似简单的青春期少女，只怀有一个人的伤春悲秋，她的……也是那种大气的、有容的可爱。其实，这种人格上的可爱与可敬，在那时已显山露水。

从温哥华归来后，段校长明显地感觉到她的"进化"："你能明显地感觉到她把自己的时间全部都用在助人上，好像她的时间总是不够用。"尽管很多时候她其实很不舒服，尤其是在肺腺癌最严重的那段日子。"有几次，我真的感觉到她很倦怠、虚弱，但是她只要一站在台上，就是最出色的演讲家。"演讲结束，她自己驱车离去，望着她的背影，了解她的老同学在心里想："她让人看到的，永远都是最好的自己，有很多苦，都是她一个人扛。"

不可思议的她

在很多人眼里，赵翠慧是一个"想象力之外的人"，画家田雨霖的夫人就这样觉得。

田太太用很多个"不可思议"、"无法想象"来形容她。这种体会来自小慧对残障人士毫无障碍、通透的爱。"有一次我们一起去看烧伤的孩子，哎呀！那种惨状真是不忍目睹，可是她竟然就能又抱又亲，还喂饭给人家吃……"

田太太描述的是一种最正常不过的感受，可是对小慧来说，那种残缺但倔强的生命反而更有超越的大美，那是真正的法眼相看，是对生命本质最深刻的懂得与尊重，最根本的彻悟与歌颂——真正的慈悲，就在于应对外表残缺或者卑微生命的态度，你越残缺、越丑陋、越卑微，她越爱。此事无关修养甚至信仰，只是一个人的生命观。

小慧的生命观就是：她相信任何一个生命都有一种无可替代的美。更重要的是，她不但相信，更比任何一个人都看得到。在她眼里，生命早已气化为精神意义上的美，肉体的缺陷与骇然，只是更加衬托前者的大美。

她是个周转爱的银行

作为赵翠慧最亲密的"战友"，基于最深厚的了解与激赏，周大观基金会的周爸爸一直怂恿小慧去参加政治选举。（小慧闻听此言笑着骂周爸爸："你有多恨我啊！"在周爸爸看来："她的才干、激情、号召力、影响力，她的慈悲……没有人比她更合适去竞选了！"）

与小慧共事14年，周爸爸称她为"巨大磁场"，而身为一个磁场，她的影响力与吸引力全然来自她的身体力行。"有次我们带一些重残者去打高尔夫，那个场景真让人感慨，她就那么自然地当球僮,趴在草坪上帮那些孩子捡球……"也许是那个场景给周爸爸留下的印象太深刻了,他说着说着竟然也双膝跪地、趴在地上,模仿起小慧的动作。在这样做的时候,他就是小慧,好像脚下的地毯就是草坪,沙发的下面有个球……这就是小慧对人的影响,她总是会感染身边的人不自觉地变成她……

在捐款这件事上,她堪称楷模,一定是她先带头做表率,才会再去向他人募集。周爸爸用"共襄盛举"来形容因她而汇集的善款。她有时真像一个银行,只是这个银行周转的是爱,高额利息也是爱。那些爱越分越多,从来不会周转不灵。

周爸爸用"甘草"形容小慧的性情,"小慧是个甘草人"。甘草,一种温和的甜暖,从容的恬淡,让每一个与之交结的人都舒服、平衡。比如她帮人,一定会让你觉得反而是你帮了她的忙,让每个受惠于她的人保有极大的自尊,她最高贵的一种认知是:谢谢你帮我做了这件事。比如她资助大诺完成"心灵史诗"的计划,她的说法是大诺帮助她完成了她所不能完成的;她资助艺术家进行创作,因为他们将她所不能完成的美带给世人;她协助一对夫妇完成自闭症儿童的关怀,那是因为他们做的是她想做而没有时间做的;她帮助那些残障人士,是因为他们表现了一种她所不能及的力量,他们分担了本该加诸于她的苦痛……

所谓生命的平等观,其最深刻的内涵,并不是你视一切生命为"与己相同的分量",而是在此基础上,你能看到任何一个生命不可取代的价值,这是人文情怀中最与神相通的部分,是名为人的物种进化为更高等生命的晋身之阶。在她身上，这非常自然，并非感悟或者信仰的结果，简单地说，这就是只有走入生命最深处之后，才能看得到的景观……

小慧也是周妈妈的偶像。有件事周妈妈反复提起："有一次接到一个陌生人从国外打来的电话，说一定要找到小慧……"

那人远在加拿大，当年不知何事受惠于小慧，某天在电视上看见周大观基金会的事迹，如获至宝，一番询问，终于找到周妈妈的电话。那人在电话里说："我终于找到小慧了，当年是她帮助了我女儿。直到现在，我女儿每日临睡前都为她祈祷，我也是……"

这个越洋电话让周妈妈很是感慨："这么多年过去了，她留给人的思念还在心里。"回头和小慧说起，小慧只记得那母女的样子，怎么也记不起她做了什么。

她的魅力来自她的真

姜捷和赵翠慧也是认识20几年的老友。两人自有一种默契，一年到头各自忙见不了几面，可是约见时一定是恰好两人都有空，往往是这个电话打过来，刚巧那个人正要打电话过去。小慧叫姜捷为"我的捷儿"，称呼里满是暖烘烘的疼爱。

在捷儿眼里，小慧的所有魅力来自她的"真"。起初捷儿觉得她"总是令陌生人与她一见如故"的能力是种教养，可是后来她感悟到：这只是因为她的"真"。

"受了什么样的教育之后，你才会有真挚对待他人的热情与慷慨？才会很贴心地知道他人的需要是什么？我可以怎么帮助你？她总是能让人当下就掏心掏肺地愿意讲很多心里话。这些能力她都不是后天习得的。她就是这样的真，那种真不设防，也令人在见到她后很快不再紧张。"

有段时间，捷儿在军队里，一人做几人的工作，有一些还是毫无报酬的，没天没日地赶工，整个人又累又怨。小慧听完她抱怨，轻呷一口淡茶，随口说道："一定有很多的人想有一份工作，然后你一个人做了五六份，就把人家的那份给做掉了。"捷儿当下醒悟："我当下就好感恩，心想，我埋怨什么，我工作多，表示我还能做，也许我还做得不错呢，人家才会一直交给我。"当日，满心欢喜哼歌而去，只差没有回去叩谢长官。

可巧，后来有一段失业的际遇，彼时再想起小慧的话，捷儿终于知道什么是无工可做的苦，那五六份工作的辉煌，真是让她怀念。

捷儿现在的工作是报社记者，能写会画，多才多艺。可是有段时间苦于丈夫在外欠债，她得辛苦工作偿还，难免感觉重压加身："又不是我欠的，凭什么都要我背……那种不爽真是跟了我很多年。"那天晚上，小慧听完她的抱怨，轻描淡写地，好像鼻子里"哼"出一声地说："要是你家庭幸福又有钱，才不可能又那么能写会画的呢！"

"哦，是啊！"捷儿豁然开朗："我怎么从没想到过！原来我先生是给了我一个自我实现的机会，我应该感谢他才对！"

当晚，"自怨自艾很多年"的捷儿又是唱着歌回到家，开门就对先生说："我要好好谢谢你，因为这么多年来，你才是我写作的动力。"把先生说得一愣一愣的。

她还想到，如果没有这样的境遇，她也不会从事采访写作。这么多年，因采访杰出人士带来的浓缩精进式的成长，给她的人生带来他人无法企及的进化捷径。想到这，更加释然坦荡，"那些怨全都不见了，"看到先生，"再也没那么不顺眼。"

"她总是在谈笑间——也没见她费什么力——就把你心底最大的郁结轻松摧毁了。"捷儿说。其实，小慧那种"谈笑间，强虏灰飞烟灭"的智慧正是出自于她的人生历练。她对他人的点化，也许正是她曾经对自己的点拨，那些轻轻的化解，是真切遭遇之后的懂得。所以，她说出来，总是那么自然，且不经意。

有些大智大慧，无从习得，只来自摸爬滚打披荆斩棘的血泪战斗，与某一刻有如神来的放下。

以上这些采访侧面，其所汇集的不过是"小慧之一瞥"，越写她，越觉深邃博大。只是那种深与大，并不艰涩，也并不缥缈，她是如此有质感的生命，使人亲眼目睹并相信，生命可以自我操练到一个奇妙的境界：高贵到无处不谦卑，爱到融化一切怨，美到拥抱所有丑。

采访期间，正是台湾玉兰花盛放时节。有一天我们搭小慧的车,正在驾驶的她远远看见一个在车流中卖玉兰花的老妇,小慧打开车窗,以高出5倍的价格买了几串,然后嘱咐老人家:"小心哦!车子这么多,一定要小心!"

然后,她在老人家的道谢中将玉兰花挂在车子的空调风口,顿时,花香满溢。

欢喜 无所不在

倾听赵翠慧生命感悟

| 附录三 | 赵翠慧演讲实录：
生命的学习

今天，我要跟各位讲一个秘密呀，我到欧洲、澳洲、美国等各地演讲，算算已经在全世界演讲超过1000场了。

我爱说话，所以说到现在，快没有声音了，声音出问题了。来这儿之前，星云大师已经警告过我了，说你少说一点，从晚上七点半讲到9点，9点01分就得回饭店。我的医生也说，你最好的治疗就是闭嘴。

可是怎么可以，那怎么受得了呢？尤其是印尼的棉兰市，我非常爱棉兰，我一直在等宗如法师第四度请我来，她一说请我，我当下就答应了！

第一次来棉兰的时候，我就被大家感动到……久久不能够回神过来。大家是互相感动的，你们那一种求法若渴的态度，会让我极愿意把所有知道的告诉你，不知道的回去查好了也会告诉你，就是那种要使出浑身解数的热情。

人与人之间就是要懂得怎么样结缘，怎么样去种善缘，怎么样惜缘。如果你面带微笑就是结善缘，还有，如果能够经常欢喜,就是种下善缘。我常常说,人与人是在地球重逢的,以往我们没有见过面,但是一旦见面就不是"初识",而是重逢,因为我们一定是在前辈子本来就认识的。所以,在这里你们见到我的时候,你们都是欢喜的,就像我刚才看到的,我从电梯一出来,大家一看到我,哇!就给我很美的微笑、很高兴的眼睛,那就是因为累世以来,我们都是认识的。

我常说,世界上分两种人:自己和别人。当你出去的时候,见到的别人又分两种人,男人跟女人。我说女人唯一在世界上要做的三件事情就是健康、快乐、美丽。就这三件事。

既然就是这三件事情,那么女人没有什么好生气的事情。为什么?因为——健康的人不能生气,快乐的人不能生气,美丽的人不能生气。

2000年,我在这个地方跟大家分享的是——我的死亡经验。现在我就决定跟大家报告一下,在之后几年间,我过得有多么快乐。我终于知道了,重回人间活着真好。

这个好是在哪里呢?就是"圆满生命的学习",即怎么样把生命过得更圆满、更美好。这也是今天讲的主题。

生命带来的信息是非常非常多的,只看你愿不愿意去接纳它。像各位今天来到这里,今天是星期六,对不对,那你为什么不在家里好好享受天伦之乐?是宗如法师说你不来她明天就不理你吗?还是你的伴侣说,你不去听,我今天晚上不让你好睡,有吗?都是自己愿意来的对不对?各位,这就是最重要的部分:

欢喜 无所不在

倾听赵翠慧生命感悟

你愿意。

还有，这里一定有一半以上的人不认识我。不认识我的人请举手，让我知道，谢谢。我要说的是，你不认识我，那你为什么来呢？

你愿意，对不对？

你不但愿意来，而且愿意"把心带来"，你不把心打开来，就没有办法接受新的资讯。就像降落伞不打开来，没有用的。你愿意接纳，你愿意学习，所以，我觉得现在大家应该给自己一次最大的掌声。

这个掌声是为自己鼓的，一定要记得，你曾经这样赞美过自己。

今天在我讲完后，如果你们有什么问题，我会留些时间和大家交流。记得有一次，我在某个国家演讲，有一位先生受不了了，他很快就举手发问，举了很久，我就问他怎么回事。

他说："有事情要问你，如果现在不问的话会忘记。"那我们就赶快尊重他，赶快听他讲一下。可是过了差不多10几分钟，他又想到问题了，就又问一下。所以，我先和大家提前打招呼：一会有提问时间，不要着急。

现在，我们来讲生命。生命其实很简单，就在呼与吸之间，如果现在不准呼吸，你可以忍耐多久。好了，我算你有三分钟可以不要呼吸了，现在赶快吸一口气，有没有感到很舒服？当生命有这个学习的时候，你就会像刚刚吸这一口气，好舒服，你又回到人间了，你刚才憋住气的时候，你是在做菩萨了。

当你再呼吸的时候，你回来了。生命就这么微妙，简单得不得了。

在死亡过后，我开始带回来一些不一样的能量。比方说，我很会读书，我开始疯狂阅读，我读书可以日以继夜，然后呢，读到左眼闭不起来了，去找医生，我的女儿陪我去，我眼睛一直流眼泪，视网膜要剥离了。医生就问我，你是在做什么？我女儿就说看书了。

那医生说，啊！你这个年龄是要考博士吗？怎么读到这个样子呢？我以为你在找钻石了，趴在地上找钻石，找了两天，找不到，眼睛开始掉出来了。

我读书就可以读成这个样子，而且这变成一种能力。我读过以后，很难忘记。所以，有一天，一个可爱的学生要回澳洲，打个电话给我。她说，老师，我现在人在机场，我想买一本书，很多的书在我面前。你可不可以推荐一下。

我当时正在高速公路上开车，我说，哦那好，有一本书叫《在天堂遇见的五个人》，有吗？哦，有英文版的，好，这本书有一段话我非常喜欢。

她问是哪一句话，我就背诵给她听："人与人之间的关系是紧密联接在一起的，这种关系就像是你没办法把微风从风里面分离出去一样。你感觉到风吹过来了，你可以说哦，现在叫微风，这叫一级强风，这叫二级强风，现在吹到我这边的是三级风，或是五级风，我们没办法分辨。你可以感受微风轻轻吹过来，可是你没办法把这个微风单独拿出来，这就像人跟人的关系。"

她说："嘿，这段话很好，老师，在哪里。"

我说："大概70页、71页附近了。"

结果，她说吓死了："老师，在71页！"

我说，我不是故意要记起来的，我就记起来了，这是我的一个能力。

我常想：自己死去活过来之后，我对生命的看法是什么？生命到底应该拥有什么？我开始去追寻，然后又要把这些感想用最简单的话，告诉我想要结缘的朋友。

先讲我们的身体好了。我们的身体有六根：眼、耳、鼻、舌、身意，六根加上心识以后就是六尘，对此，我们一个一个说。

先说"眼睛"。

你可不可以用很慈悲的眼睛看别人呢？当你看到可爱的小孩子的时候，你就会说："好可爱呀。"那时候你就像菩萨了，因为你爱她，你疼她；当你看到老人家的时候，你如果说："哎哟又臭又脏又老了，真是讨厌。"那你的眼睛就是魔鬼的眼睛。

如果你嫌恶人家，不喜欢的时候，你的眼睛就变了。所以，我们要用慈悲的眼睛去看人。

还有呢，我们也要用美丽的眼睛去看这个世界。

怎么说呢？我想请问，你有多久没去看博物馆的展览，你多久去看一次美术的展览？你多久没有去书店了，多久了呢？你想想看，你去看画展的时候，多么美的画在那里呀，你是用美的心情，然后用美的眼睛去看的，它会陶冶我们的，对不对？那时候，你的眼睛不可能说，画什么东西呀，哎呀，送我都不要。

眼睛在你的头上，你自己可以决定它成为美丽的，或者慈悲的，还有或者是哀伤的，我们的眼睛会露出我们的感情。

如果你心情沉闷，或者难过伤心，你可以靠眼球转动法来改正你的情绪，你的眼睛向右边看三次，然后再看左边几次，我告诉你，最多六次，太多次就晕过去了。我试过了，头晕眼花的，你往右边看三次以后，往左边看六次或八次就够了，再停下来，休息一下。

然后，当你在转的时候呢，你就想着让你伤心的事情，比方说你挨骂了，或者你心爱的人离开你了。或者更简单的方式，你往右边看三次，再往左边转一转，这个时候你把心情放在那个痛苦的事情上。然后告诉自己，你这样转完以后，那个伤心的事情就会自己走掉了，它就真的走掉了。

美国曾经用这个办法治疗越南战后无法恢复情绪的伤兵，很有效。

下面，我们讲讲"耳朵"。

像刚才，我们听到这么好的欢迎音乐，那么美妙的歌声。最可爱的，指挥老师刚上台的时候呢，她就是一位庄严的老师；可是当她开始指挥的时候，你有没有发觉她像一只小鸟？快乐的小鸟，完全换了另外一个人，就好像美丽的月神。

所以，让你的耳朵常常听到美妙的音乐非常重要。如果没有音乐，有一个音也很好用，哈佛医学院的班森医生就提出，东方人有一个声音是有疗效的，可以帮助你把心定下来，就是——欧姆。

欧姆是一个种子音，试试看，早上的时候，你可以练习发这个音，能够多长就多长，能够穿透你的顶轮出去更好。

像我自己，常常有很多的事情要做，心有点乱时，我就安静坐下来，发这个音，让自己的心静下来，很有效。

接下来，讲我们的"鼻子"。

许多人禅修禅定的时候，透过呼吸让自己静下来。我就不在这儿班门弄斧了。我没有什么禅坐的经验，可是我有静坐的经验，五六岁的时候就被外婆拿去供佛，外婆早上大概四点钟就开始拜佛，做早课，总是把我放在旁边，因为我白白胖胖很可爱。

长大了我就问她："为什么把我放在那里呀？"

她说："你这样可爱，拿去供佛很好呀。"

我从五六岁开始就坐在那里，所以我只要一坐下来，就可以坐很久。

我建议每个人每天都应该静坐一下，像我，早晚一定坐，并且超过半个小时，让自己调整一下。否则我不可能每天去一个国家演讲。

另外，我介绍一个瑜伽行者的修行。用你的右手拇指，按着你的右鼻孔，吸气；再用左边的中指按住左鼻孔，呼气，一边吸了以后，一边吐出来，如此交换，很有趣的。瑜伽在2000年前就发现了这种呼吸法，可以让你整个人都清醒过来。

还有一位很有名的一行禅师教我们，当你吸气的时候你是平静的，吐气的时候，你可以微笑，并且，随时练习让自己平静与微笑，甚至在走路的时候都可以做。星云大师常说微笑的人是最美的，那你可以用这种方法让自己最美。

以上有关耳朵鼻子的训练法，大家有事没事都可以做一下，可是我刚才教你们的转眼睛呀，不要到处乱做——不要到机场去转眼睛哟，也不要在火车站转眼睛，然后看到很帅、很漂亮的人过来，更不能转眼睛。

当然，以上的练习最好有老师帮助你。就像很多人告诉我，你死过后变得这么好，我们都很想跟你一起死一遍。我说那不行，因为不见得你会回来。

不是什么事情都可以自己搞定。

下面，我们说说"舌"。

日本人很可爱，他们分析唾液，发现了有唾液腺素，这个东西可以帮助钙质的吸收，帮助我们内脏重建，还有美容养颜的作用。中国也有一位驻颜有术的冷谦先生，他就有一种"叩齿法"，怎么做？说白了就是咬牙切齿，如果你很气老公，你很气你老婆，你就在他面前做好了。开玩笑的。你上下牙齿叩30次一定就会有很多唾液了，再把这唾液吞下去，就好了，保证你青春永驻啦！

好，我们再讲讲"身"。

想一下，如果你撞到一个小小孩，让他摔倒了，你把他抱起来说不要哭不要哭，你会轻轻拍她，对吗？或者，你一定拍过你的孩子或者孙子，对不对，好，那你拍过你自己吗？

我是不行了，轻轻拍打全身就疼，因为我开过四次大刀，内脏已经歪来扭去的。可是呢，当我开刀的时候，我躺在那里的时候，我身体的细胞并不知道我要开刀，所以，刀子下去的时候，它们吓到了，我这边的神经完全吓到了。那么，怎么样让它恢复被爱的感觉呢，就是轻轻地拍，轻轻地拍它……

我们轻轻拍自己，就像当初爷爷奶奶轻轻拍我们，那种美好的印象会回来，痛苦的记忆会慢慢离开。

接下来，我们说"意"。

美国哈佛医学院的班森医生，人们称他是"松静反应之父"，他有一个非常重要的方法：每天让自己快乐20分钟！但一定要专心地快乐20分钟。

所谓专心，就是在这20分钟内，大哥大、大姐大都不接，什么都不管，乖乖在那里享受人生，确定这20分钟是属于自己的。你告诉自己，今天本小姐我要坐在这里享受20分钟，今天本大爷要坐在这里享受20分钟……

如果一个人每天能够安安静静地为自己过20分钟，你的免疫力就开始提高。我在台北演讲的时候，有一个阿嬷跟我讲，老师，你的"快乐20分钟"对我真的很有效，有一天孙子从美国打电话来说，阿嬷阿嬷，我好爱你好爱你呀，连我妈妈都不要了，我就要你一个人，全世界我只爱你一个人。

老太太很高兴，每天就想孙子说的这些话，甚至会一直想，不就一直快乐吗？

每天给自己一段高兴的时间，多么重要啊！

有一次，我去辅导一些孩子。我问：谁每天快乐20分钟呢？有个小女孩站起来分享，她去听张学友的演唱会，张学友特别为她唱《吻别》，她每天一想到就好快乐！

我说太好了！突然另外一个小女生站起来说："老师，她乱讲。"

我说："为什么？"

小女生说："那天明明我们是在外面电视墙看的，根本没有进去演唱会现场啊！"

那个女生红着脸小小声地说："只要我觉得他是为我唱的，就是为我唱的嘛。"

对喽，意思就在这里，重要的是她每天为了那个《吻别》高兴了好久，没有人会说你不可以这样想啊，一切都在你的心里头，在那20分钟时间里，你愿意怎么想它就怎样想它。

接下来，我们说"意念的转化"。

我有一个很可爱的女儿，18岁的时候她要到美国纽约去念大学。那年刚好出现白晓燕事件,也就是台湾艺人白冰冰的女儿被绑架杀害了,很残酷的一件事情,大家都非常伤心,我就觉得纽约也很可怕。好了,我跟我女儿说,宝贝你要去纽约,如果你也被歹徒抓去了,真的发生像白晓燕的事情怎么办?

女儿竟然告诉我:"妈妈,我会记得你教我的,也就是你到全世界去讲的——我绝对不会恨歹徒,我知道这一定是前辈子的事情,说不定前辈子我也是这样把他杀掉了,所以如果他把我抓去了,他要杀我,我当然会跟你一样去请观世音菩萨、阿弥陀佛帮我。没有用,歹徒也不信佛,那就算了,下辈子我们绝对不要结恶缘,这辈子就这样结束好了。妈妈你不是说只有爱可以带走的吗,只有爱会帮助往生的你,恨只有把你拉到地狱去……我会一直念佛的,你一定要放心我,不要挂念我!"

哎哟,听到这里,我就说:"宝贝,你可以去了,没有什么好担心的了。"

我想说,我们的念头是可以随时转换的,你要把自己放在快乐里就快乐,你要把自己放在痛苦里就痛苦,完全在你自己决定,没有人会来左右你的,对不对?美国总统罗斯福的夫人讲了一句话非常好,她说:"如果不是你愿意,悲伤不能住到你心中来。"

别人如果说你,你怎么这么胖呀!你气得三天三夜睡不好觉。但是,你也没瘦下来一公斤呀,却活在别人的一句话里。

如果老板骂你,工作没有做好,这东西写得乱七八糟的。

你又气得心里骂："你是瞎子啊，你看不懂呀？"双方处不好，没办法跟人家结善缘，只要人家批评你，你就记着，狠狠的不忘记。

还有，我去参加妇女成长团体的活动，常听到的就是"先生有外遇"的问题。我就说："小姐，那你也没必要把自己打扮成跟鬼一样，坐在客厅吓他。"因为她每天气得不梳妆、不打扮、不吃饭、不睡觉，跟鬼一样，还坐在客厅等她老公半夜回来发脾气。啊，我说天呐，我们可爱美丽的女性朋友们，我说你总可以把自己打扮成美丽的蜘蛛精一样，外面的狐狸精只有两只手两只脚呀，蜘蛛精有八只呀，你就可以牢牢把他抓住啦！

我说，宝贝，别呆了，别傻了，除了去气那个狐狸精之外，其实还有很多事情可以做的，对不对？你可以去关怀很多人，你可以去关怀孤儿、关怀老人，可以去做多少事情呀。你为什么要跟一个女人生气，跟一个男人生气呢？你是为了他们来到世间的吗？你像向日葵一样吗？太阳不出来，下雨的时候就哭，太阳出来了就跟着太阳跑，太阳走了又开始哭起来了。那样太辛苦了吧。

所以，我常常说我们感情要独立起来，精神要独立起来，好好做一个健康快乐美丽的女人。

我们也是要好好检讨自己，我们总是去求菩萨，记得慧宽法师说："我们一天到晚都去求菩萨，说观世音菩萨拜托你，你要帮我做这个做那个，可是，你为什么不自己做观世音菩萨，做观世音菩萨做的事情？你不能一天到晚去求人家，拜托人家，把麻烦烦恼都丢给他。"不可以的。

再和大家说瑜伽行者一个很老的修行法门：我就是他。

就这四个字——"我就是他"。比方说你看芭蕾舞，那个舞者转一百遍都没有昏过去，好可爱。看那个天鹅湖，啊，好美呀，看他们跳得很美，你就很感动。但是回头却一想：哼，我如果小的时候也有这么好的环境，如果爸爸妈妈不是这么穷，我也可以去学芭蕾舞呀，我也一定跳得这么好呀，我就是倒霉跟了一个穷的爸妈，才会现在做事做得半死。只能去打工，哼，很气。

好了，你若看到一个歌星唱歌，唱歌唱得好好听呀，就想，我就是倒霉嫁了这样的老公，就是因为他，我就没办法练歌。所以呢，就我最倒霉了，他们唱歌的时候我还得做事，还要煮饭给你吃，更气啊……

而那个老公呢，看到成功的企业家有一个好老婆，也想：我如果娶一个好老婆的话，我也会成功的，偏偏就娶了你这个黄脸婆，每天叨叨叨，念念念，把我的钱都叨掉了，然后呢就是念念念……

如果我们现在换一个想法，如果你看到那个跳芭蕾舞的舞者，跳得那么美，她把所有的美都表现出来了，你就想：我就是她，她现在是在帮我跳，我只要负责赞美就好了。你只要负责享受，享受那一刻。

看着那个成功的企业家，也想着："我就是他"——他在帮我做事业好了。我们常常说，跟人家分享痛苦分担痛苦的人是平常的人，如果能跟人家分享成功的才是真正的伟人。人的一个毛病就是见不得别人好，一看到人家比你好就会说，哼，有什么了不起的，我比他更行，我只是没有机会。哼来哼去，把你美好的人生都哼掉了，多可惜！

你很羡慕吗？那就赞美她，懂得真心诚意地去说好话。不是那种谄媚的话，这是很重要的。

总之，一定要记得就是一转念，转一个念头，心情就不一样了。

真的不一样了。

现在，我们来说说"慈悲"。

慈悲要怎么样做到呢，慈悲可以靠学习得来。比方说我们很痛苦，每一个人对痛苦的承受力是不一样的。你有没有发觉，有些人打针就像是蚊子咬一样没有感觉，而有人打针呀，哎呀，那像要他的命一样。

我家儿子，检查身体抽血，他光是看人家抽就晕过去了。我说，全世界最好笑的事情就是这个。那他妹妹呢，有一次摔跤额头受伤，需要缝针，女儿缝的时候都没有哭，她还自己说不许哭，那时候她才五岁。她说，如果哭的话哥哥会吓到，八岁的哥哥抱着五岁的妹妹缝针，她不要我抱，哥哥害她摔倒的，她还要哥哥抱。她还在旁边说："哥，没有事，不要担心，不要担心。"反而是哥哥一直哭。

之前我得了癌症，病了整整有八年。所以我的承受能力跟普通人是不一样的。那么怎么样去学习，把你的承受力提高呢？有个办法就是——打坐，就是把自己放轻松，放轻松坐在那里。我不管你的腿是双盘、单盘、散盘都可以，只要坐着就好。你站着能放松当然是更高的功夫了。如果你坐着，就轻松的把手放在膝盖上面，放轻松，舌顶上颚，然后——祈请，比方说我去祈请观世音菩萨来陪伴我。有人说，我可以请地藏王菩萨吗？可以，或者，阿弥陀佛谁都可以。

这个方法不但对于疼痛有用，对于心灵伤痛也有用。

我们祈请菩萨，希望菩萨能够帮助那些比你更痛苦的人，给他们一个慈悲的祝福，希望他赶快离苦得乐，赶快不要在这痛苦中。

你自己很痛苦，可是你想到比你更痛苦的人，再去慈悲地祝福他们。于是，你自己那种痛苦带来的无力感，会透过你这种慈悲的想法而转换了，无力感会变成勇气，会更加勇敢地活着。

自己的痛苦，最终成就了帮助他人的勇气。

| 附录四 |　一本如此奇妙而重要的书

小慧说，她只是一个陪伴他人的人。

之前，她行走全世界，用公益善行来"陪伴"，现在多了一个方式：面前的这本书。

小慧说，可以把这部书稿给遭遇过人生困境的人看，希望对他们有所帮助。于是，我们请一些因病导致身体残疾的朋友先睹为快。以下，是一些朋友的读后感。

让感激变成一种习惯

李玉洁

很幸运，也可以说是一种很奇妙的缘分。我在这个被一大堆烦心事搅得心烦意乱的早晨看到小慧阿姨的访谈录，心情觉得豁然开朗，差点连自己为什么不开心都给忘了。接受完心灵的洗礼，我得一一回想自己烦恼的原因，因为再麻烦的事也总要有个方式解决。不知道是不是心态转变了也顺便带来了自己的幸运，郁闷一早上正愁无计可施的事，竟然自己解决了。

突然觉得，也许只是自己把事情的难度放大，把以前失败的经历放到每一次类似的事情上。当困难还没有大到自己无法克服的时候，心态上已经先缴械投降了。这与自己的性格和经历有关，遇事总是先想到最坏的后果，因为觉得连最糟糕的情况都能面对了，还有什么好怕？

小慧阿姨说的，让感激变成一种习惯，我会牢牢谨记。以前一直觉得自己是被上天安排错的人，假如命运不是对我作了如此安排，我的人生一定会有天壤之别。虽然我知道上天是公平的，它拿走你一些东西必然会赐给你另一些东西，只是它赐给我的并不是我想要，它拿走的却是我最不能失去的。我为什么从来没有想过好好利用自己拥有的呢？我失去的已经永远失去，不会因为我的不舍而重新回到我的生命当中，但是我现在拥有的却可以帮我创造更多更多的奇迹。

我应该像小慧阿姨说的，把感激变成一种习惯。我还能看见明媚的阳光，我应该感激；我无时无刻都能得到家人不计回报的爱，我更应该感激。

怀着一颗充满爱的心，生命中的一切都会变得美好。

我原谅了那个人

丁传红

面对一个刁难的婆婆，小慧阿姨的那句："我一直以为，她如果死掉，我一定会放鞭炮，不晓得有多么高兴……"这让我确信，阿姨不是神仙，阿姨也会有平常人的心理。但是，当婆婆真的昏过去时，阿姨紧张得声泪俱下，忘记了放鞭炮，也忘记了高兴。这是小慧阿姨本能的反应，也是阿姨与生俱来的慈悲情怀的体现。

读这一章时，让我对"宽恕"这个词，有了新的认识和内心的震撼。令我感到震撼的，不是小慧阿姨对婆婆的宽恕，而是，阿姨对孩子的正向教育，以及阿姨对待曾经给自己造成极大伤害的人的宽恕和帮助。这几乎是令人难以想象的一种胸怀和情怀。

从小到大，我对生活和残疾几乎没有抱怨和怨恨。但是，曾经某个人对母亲的欺辱，拿我的残疾来伤害母亲的话，还是令我心里不能原谅她。

看了阿姨对"宽恕"所付诸的行动，以及她心里上获得的欢喜和快乐，我心里对那个人的厌恶好像一下子释怀了。

我突然明白一个道理，宽恕别人的过错，就等于还给自己一颗"自在"的心，心无尘埃，窗明几净……

真的好感激小慧阿姨，我现在无法"走"到您面前，因此，只能在心里深情地拥抱您。

快乐真的很简单

钱敏丹

让我特别激动的是，我了解到小慧阿姨的"快乐秘籍"，我立刻就尝试起来，如何让自己在最普通的日常生活中发现快乐，如何学会每天宠爱自己，如何每天静思感恩。当我这么做时，我发现自己的嘴角始终是上扬的，原来快乐真的这么简单……

还有，如我现在总是懊恼自己当年花了10年的时间才走出那段心灵封闭的日子，但在看见小慧阿姨说的毛毛虫的故事后，我突然意识到那是我必经的转化过程，是一个蜕变。所以我非常感谢自己能够在那10年中坚持下来，为今天的我做了那么多准备。

其实我最最感动的还是小慧阿姨的慈悲心（此刻我一想到这三个字，我的心马上就变得柔软了），那几乎是整个生命的能量源。无条件的爱，无条件的给予，所有的快乐和宽容都来自那里，源源不断，永不枯竭……慈悲的力量，真的无法想象！

"又下雨了，好！"

吴红

早上起床，发现还在继续下雨，继续一片浓重的阴霾，我笑着说"又下雨了，好！"妈妈诧异，说："下雨有什么好的，黑黢黢的……"我回答："反正我说下雨不好，它还是会下的。"呵呵……这应该是这些日子小慧阿姨的陪伴和影响吧。

今天吃完早饭，一口气默念了书中的两个章节，读到了很多共鸣点，比如"中国人太含蓄了，爱要表达出来，不然对方怎么会知道"、"不能把一切当成理所当然,常怀感恩,说谢谢"等等……呵呵,我读到心里很舒畅,很快乐,因为2009年的春天,妈妈住院以后,这是我的感悟,我的遗憾,从前对妈妈太少表达感情,感谢了……

读这本书的时候,我的潜意识里,也许以为它会像万里长城那么长,或者像日月潭的水那么深,可以容我慢慢地走,慢慢地跟随,慢慢汲取更多的养分……呵呵,结尾了,有点"到站"的遗憾……我把这本书存在电脑里,以后我犯了"脆弱病"的时候,再打开来读……

欢喜 无所不在

倾听赵翠慧生命感悟

（京）新登字083号

图书在版编目（CIP）数据

欢喜无所不在/亓昕，张大诺著．——
北京：中国 青年出版社，2012.7
ISBN 978-7-5153-0910-1-01
Ⅰ．①欢… Ⅱ．①亓… ②张… Ⅲ．①赵翠慧－访问记
Ⅳ．①B949.92

中国版本图书馆CIP数据核字(2012)第154587号

责任编辑：彭明榜
装帧设计：孙初＋林业

中国青年出版社出版 发行
社址：北京东四12条21号
邮政编码：100708
编辑部电话：(010) 57350506
北京精彩世纪印刷科技有限公司印刷　　新华书店经销

700mm×1000mm　1/16　13印张　125千字
2012年8月北京第1版　2020年1月北京第2次印刷
印数：7001—12000册
定价：38.00元